VERSTELLTER BLICK

Thomas Urban

VERSTELLTER BLICK

DIE DEUTSCHE OSTPOLITIK

edition.fotoTAPETA____*Flugschrift*

Dieses Buch erscheint als Originalausgabe in der Reihe
edition.fotoTAPETA_*Flugschrift*.

Das Klappenfoto vorn zeigt eine Aufnahme aus dem
Haus der Geschichte mit einem Bild des Kniefalls von
Willy Brandt im Dezember 1970 in Warschau; das Foto
hinten zeigt eine Übung ukrainischer Reservisten
Ende Januar 2022 nahe Kiew.

ISBN 978-3-949262-16-6

2. Auflage

Umschlaggestaltung: Norbert Lauterbach, Berlin Satz
und Gestaltung: Norbert Lauterbach, Berlin

Druck: GGP Media GmbH, Pößneck

Gesetzt aus der Mignon und der Frutiger

INHALT

Ein halbes Jahrhundert nach der Ostpolitik Willy Brandts, ein Vierteljahrhundert nach dem durchaus erfolgreichen Bemühen Helmut Kohls um partnerschaftliche Beziehungen zu den einstigen Kriegsgegnern herrscht fast wieder Eiszeit zwischen Berlin und Moskau. Schrille Misstöne und gegenseitiges Misstrauen prägen überdies die Achse Berlin-Warschau. Und die instabile Lage im dritten großen Land des ehemaligen Sowjetblocks, der Ukraine, macht den Blick aus Deutschland nach Osten nicht erfreulicher.

Viel wird in der Bundesrepublik über die Ursachen des Klimaabsturzes im deutsch-russischen Verhältnis debattiert. Dabei stehen sich die „Russland-Versteher" und die Putin-Kritiker unversöhnlich gegenüber. Für die einen sind die westlichen Politiker, die Angebote des Kremls zu einer gedeihlichen Zusammenarbeit ignoriert hätten, die Hauptschuldigen an der Eintrübung des Klimas. Für die anderen aber steht fest, dass Wladimir Putin von Anfang an nicht an einer Demokratisierung Russlands und stabilen Verhältnissen in den anderen Ländern Osteuropas interessiert gewesen sei, weil er mit einem nationalistischen Projekt in die Geschichte eingehen wolle: der Wiederherstellung des Imperiums.

Doch hatte die Bundesregierung wenig Möglichkeiten, auf den Kreml einzuwirken. Diplomatie, die nur über geringe Druckmittel verfügt, stößt bei einer Großmacht rasch an ihre Grenzen. Allerdings hat Berlin immer wieder unklare, gar widersprüchliche Signale in Richtung Moskau gesendet, nämlich dort den Eindruck erweckt, man akzeptiere den Anspruch des Kremls, die anderen ehemaligen Sowjetrepubliken als russische Einflusssphäre zu betrachten.

Das Problem geht dabei weit über die bilateralen Beziehungen hinaus. Denn die deutsche Russland-Politik wird in den meisten anderen Staaten der Europäischen Union mit Skepsis betrachtet, nicht nur in Polen und den anderen ehemaligen Ostblockstaaten in der EU, sondern auch in Frankreich, in den Benelux-Staaten, in den skandinavischen Ländern und sogar auf der Iberischen Halbinsel. Den Deutschen wird nicht nur wirtschaftspolitischer Egoismus unterstellt, sondern auch eine heimliche Russlandliebe in der Tradition Bismarcks, der Kriege gegen Dänemark, Österreich und Frankreich führte, überdies die Unabhängigkeitsbewegung im damals geteilten Polen rigoros bekämpfte. Auf diesem Feld zieht sich also ein Riss durch die EU, für den Berlin verantwortlich gemacht wird.

Hatten die Deutschen nur geringen Einfluss auf die Entwicklung Russlands, so hatten sie ihn umso mehr im Verhältnis zu Polen. Aufgrund der traumatischen Erfahrungen im Zweiten Weltkrieg, als das NS-Regime versuchte, Polen als Kulturnation auszulöschen, verfolgt man in Warschau in allen politischen Lagern von links bis rechts argwöhnisch jede Äußerung, jeden Schritt in der Ostpolitik der Bundesrepublik. Für die deutschen Medien steht fest, dass an den heutigen miserablen Beziehungen zwischen Berlin und Warschau die polnische Führung um Jarosław Kaczyński schuld ist. Doch sind die Dinge komplizierter.

Dabei steht außer Zweifel, dass allen deutschen Bundeskanzlern stets an einem guten Verhältnis sowohl zu Warschau als auch zu Moskau und später ebenfalls zu Kiew gelegen war. Um nur einige Beispiele aus dem breiten Spektrum der Ostpolitik zu nennen: Willy Brandt wollte den Weg für einen „Sozialismus mit menschlichem Antlitz" im sowjetischen Machtbereich bereiten, Helmut Schmidt wollte mit den Krediten für die repressiven Regime der DDR und der Volksrepublik Polen sowie dem Ausbau der deutsch-sowjetischen Wirtschaftsbeziehungen das Gleichgewicht der Blöcke als Basis der internationalen Friedensordnung erhalten, Helmut Kohl mit der Einbindung des Bundes der Vertriebenen in den deutsch-polnischen Dialog einen vielschichtigen Konflikt lösen und mit der Osterweiterung der EU eine Zone der Stabilität schaffen, Gerhard Schröder mit seinem Engagement für Gazprom den EU-Staaten eine billigere und umweltfreundlichere Energieversorgung sichern, Angela Merkel mit ihrem Nein zum Drang der Ukraine nach Westen zur Stabilisierung des krisengeschüttelten postsowjetischen

Raums beitragen und mit ihrer Flüchtlingspolitik andere EU-Länder entlasten.

Doch all diese hehren Ziele wurden nicht nur verfehlt, sondern sie riefen auch teilweise heftige Reaktionen der Nachbarn hervor, die Verbündete der Deutschen in Nato und EU sind. Politik wird nun einmal an ihren Ergebnissen gemessen – gute Absichten allein reichen nicht. Zwar hatte Berlin wenig Einfluss auf die Abkehr Putins von der westlichen Staatengemeinschaft; doch die deutsch-polnischen Verwerfungen der Gegenwart sind nicht nur Folge Warschauer Obsessionen, sondern auch Ergebnis von Fehleinschätzungen und Fehlentscheidungen auf deutscher Seite.

Dieses Buch soll aufzeigen, welchen Anteil die Politik Berlins an den unguten Entwicklungen im Osten Europas hatte, in Warschau, in Kiew und in Moskau. Oft handelt es sich dabei nicht um Entscheidungen der operativen Politik, sondern um Missverständnisse, um fehlende Klarstellungen. Oder sogar um unangemessene Gesten, um das Ignorieren nationaler Empfindlichkeiten.

Doch die tieferen Ursachen liegen jenseits der politischen Ebene, nämlich in historischen Erfahrungen und kulturellen Unterschieden. Dazu gehört die Rückbesinnung auf nationale Traditionen in fast allen früheren Ostblockstaaten in der EU, die zunehmend als deutsch dominiert wahrgenommen wird, obwohl dies nicht den Fakten entspricht. Den Deutschen wird – das allerdings keineswegs grundlos – eine Haltung der moralischen Überlegenheit, ein Hang zu Besserwisserei und Bevormundung der Nachbarn unterstellt.

Das alte Wort aus Kaisers Zeiten „Am deutschen Wesen soll die Welt genesen" macht in Europa wieder die Runde; dies gilt ebenso für Geschichtsdebatten wie für die Schulden-, die Flüchtlings- und die Klimakrise. In Paris hat man zu all diesen Konfliktfeldern andere Vorstellungen als in Berlin. In Warschau fühlt man sich von den Deutschen arrogant behandelt. Auch in Putins Russland stört man sich an diesem angeblich typisch deutschen Zug. Und in der Ukraine erwartet man von den Deutschen keine Belehrungen über den richtigen Umgang mit der Kremlführung und den dunklen Flecken der eigenen Geschichte, sondern konkrete Unterstützung beim Aufbau eines stabilen demokratischen Staatswesens.

Doch die Risse zwischen der Bundesrepublik und ihren Nachbarn bekümmern die deutsche Gesellschaft anscheinend nur wenig. Die Deutschen wirken selbstbezogen, sie sind all der aus dem Ausland über sie hereingebrochenen Krisen – Banken, Euro, Ukraine, Flüchtlinge, Trump, Corona – offenbar überdrüssig. Im Wahlkampf 2021 hat Außenpolitik nicht die geringste Rolle gespielt, ausländische Beobachter schreiben von einem Rückzug in die Innerlichkeit. Doch kann die Europäische Union, die zwar reformbedürftig ist, aber dennoch das Beste, das den Deutschen und ihren Nachbarn in ihrer gemeinsamen Geschichte widerfahren ist, nur funktionieren, wenn sich die Gesellschaften ihrer Mitgliedsstaaten besser verstehen als heute. Dieses Buch soll in neun Kapiteln über Themen, über die man bei den östlichen Nachbarn anders denkt, als es wohl die meisten Deutschen tun, einen Beitrag dazu leisten.

Zugrunde liegen diesem Buch meine Erfahrungen als Korrespondent der *Süddeutschen Zeitung* in Warschau, Kiew und Moskau in der Zeit der großen Umbrüche von 1988 bis 2012 sowie anschließend in Madrid bis 2020. In diesen 32 Jahren habe ich „meine" Länder kreuz und quer bereist, einschließlich der Kriegsschauplätze in Abchasien, Karabach, Moldawien und Tschetschenien. Zahllose Hintergrundgespräche mit Politikern und Diplomaten haben das Bild abgerundet. Viel über das Denken der intellektuellen Eliten in den großen Ländern Osteuropas habe ich von dem aus einer jüdischen Familie in Kiew stammenden Sowjetdissidenten Lew Kopelew gelernt, dessen Mitarbeiter ich zum Ende meines Slawistik- und Romanistik-Studiums in Köln geworden war, sowie von dem großen polnischen Sozialdemokraten Jan Józef Lipski, den ich als junger Korrespondent in Warschau kennenlernte, und vom russischen Schriftsteller Vitali Schentalinski, der in Moskau bewegende Dokumentationen über die Repressionen der Stalinzeit vorgelegt und sich für die Menschenrechtsorganisation *Memorial* engagiert hat.

Nicht minder haben Gespräche im Familienkreis meinen Blick auf die schwierigen Beziehungen zu und unter den osteuropäischen Nachbarn geschärft: Meine Eltern stammen aus der schlesischen Metropole Breslau, die nach dem Krieg zum polnischen Wrocław geworden ist. Als ich dort an einem Polnisch-Sprachkurs teilnahm, lernte ich meine Frau Ewa kennen, deren Familie ihre Heimat im heute zur Ukraine gehörenden Teil Galiziens verloren hatte. Auf diese Weise habe ich die Geschichte von Flucht, Vertreibung und Zwangsumsiedlung aus zwei Perspektiven kennengelernt, ein Thema, das für viel Aufregung zwischen Warschau und Berlin gesorgt hat. Ewas Vater hatte, wie auch ich eine Generation später, in Moskau studiert. Er wurde vom glühenden Kommunisten, der seinen Beitrag zum Aufbau einer gerechten Gesellschaft leisten wollte, zum enttäuschten Skeptiker. Doch hat er seiner Tochter die Liebe zur Sprache Puschkins, Dostojewskis und Tolstois vermittelt, die auch uns dann verband. Diese Liebe zur Literatur schlug sich bei mir in zwei Büchern sowie einer Reihe von Aufsätzen über russische Schriftsteller des 20. Jahrhunderts nieder, darunter Nabokov, Ehrenburg, Gasdanow, Pasternak und der geheimnisumwitterte Agejew: Ich bin ein Russland-Versteher.

Nie wieder kalter Krieg! Nie wieder Wettrüsten! Zurück zur Entspannungspolitik! Hunderte von Prominenten haben derartige Aufrufe unterschrieben und damit wohl Millionen von Deutschen aus dem Herzen gesprochen. Mit Moskau reden! So wie es Willy Brandt und Egon Bahr vor einem halben Jahrhundert gewagt haben. Die Ostpolitik habe doch schließlich den Weg bereitet für die Perestroika des Michail Gorbatschow, der die Spaltung Europas überwunden, den Kalten Krieg beendet, das „gemeinsame Haus Europa" geschaffen und den Deutschen ihre Einheit geschenkt hat. Oder?

Aus deutscher Sicht gipfelte die Entspannungspolitik Anfang der siebziger Jahre in den Ostverträgen zwischen Bonn und Moskau, Warschau sowie Prag, im Viermächteabkommen über Berlin sowie im Grundlagenvertrag zwischen der Bundesrepublik und der DDR, in dem sich beide Seiten zu Gewaltverzicht und Beschränkung der Hoheitsrechte auf das eigene Staatsgebiet verpflichteten. Der Vertrag brachte erhebliche Reiseerleichterungen in beide Richtungen, wenn auch ungleich verteilt: Theoretisch durften alle Bundesbürger nach Osten reisen, aber, von offiziellen Delegationen abgesehen, grundsätzlich nur Rentner nach Westen. Es war nur ein kleiner Schritt, der aber den Alltag vieler Familien, die durch die Grenze getrennt worden waren, erheblich erleichterte.

Egon Bahr, der Chefunterhändler des Kabinetts Brandt, gab das Motto „Wandel durch Annäherung" aus. Sein Ansatz war pragmatisch: Statt Differenzen zu betonen, wurde ausgelotet, auf welchen Feldern es gemeinsame Interessen gab und Kompromisse möglich waren. Er selbst sagte im Rückblick dazu: „Nicht-Beziehungen wurden durch schlecht funktionierende Beziehungen abgelöst." Wie Brandt hatte Bahr stets gute Kontakte zu den amerikanischen Besatzungsbehörden unterhalten; es war sachlich falsch und unanständig zudem, dass konservative Kreise in der Bundesrepublik beide als „Männer Moskaus" attackierten.

Mit seinem Warschauer Kniefall im Dezember 1970 bat Brandt, der als NS-Gegner ins Exil gegangen war, um Vergebung für die im besetzten Polen begangenen Verbrechen. Die polnische Führung sah durch den Warschauer Vertrag die umstrittene Oder-Neiße-Grenze anerkannt, auch die alten Westmächte und der Vatikan taten dies. Für Brandt war der Vertrag eine unvermeidbare Kehrtwende: Noch Anfang der sechziger Jahre hatten er und die gesamte SPD-Spitze zu den früheren deutschen Ostgebieten erklärt: „Verzicht ist Verrat!"

Brandt bekam für die Ostpolitik den Friedensnobelpreis. Doch die oppositionellen Christdemokraten, die sich traditionell den Heimatvertriebenen verbunden sahen, attackierten ihn scharf; sie verwiesen darauf, dass die neuen Grenzen in diesem Teil Europas von Stalin erzwungen worden seien und in Polen eine Parteidiktatur herrsche, die die historische Wahrheit verzerre und Menschenrechte verletze. Das Bundesverfassungsgericht befand allerdings, dass der Vertrag lediglich die Verpflichtung beinhalte, faktisch bestehende Grenzen nicht gewaltsam zu ändern. Heute ist unumstritten, dass Brandts Kurs gegenüber Warschau politisch richtig war: Die Ostgebiete waren längst unwiederbringlich verloren. Dass Politiker aus den Reihen von CDU und CSU damals das Gegenteil behaupteten, war eine politische Lebenslüge, schon allein deshalb, weil keine der Siegermächte diese Forderungen unterstützte. Höhepunkt der internationalen Entspannungspolitik, die auch das Weiße Haus in Washington vorantrieb, war die Schlussakte der *Konferenz für Sicherheit und Zusammenarbeit in Europa* (KSZE), die 1975 in Helsinki unterzeichnet wurde. Sie wurde im Westen, besonders auch in der Bundesrepublik, als großer Erfolg gefeiert, als Meilenstein beim „Wandel durch Annäherung", der zu einer Demokratisierung der Ostblockstaaten führen sollte.

Doch KGB-Chef Juri Andropow sah in Meinungs- und Versammlungsfreiheit Gefahren für die Parteiherrschaft, der KGB ging unbarmherzig gegen Regimekritiker vor. Er ließ Dissidenten als angeblich Geisteskranke in psychiatrische Kliniken einweisen, wo systematische Erniedrigung, physische Gewalt und Psychopharmaka ihren Willen brechen sollten. Dass die Entspannungspolitik zur Demokratisierung der Ostblockstaaten geführt hat, ist nicht mehr als eine Legende, die heute gern von Nostalgikern in der SPD verbreitet wird.

In der DDR versuchte die Stasi noch stärker als bisher, die gesamte Gesellschaft zu durchdringen. Die SED-Führung um Erich Honecker befürchtete, dass die zunehmenden Kontakte zwischen Deutschen aus der Bundesrepublik und der DDR zur Aufweichung der „sozialistischen Moral" führen könnte. In der Tat führten diese Kontakte dazu, dass immer mehr DDR-Bürgern die hoffnungslose wirtschaftliche Unterlegenheit und auch der menschenfeindliche Charakter ihres Gesellschaftssystems offenbar wurden. Entgegen Bahrs Hoffnungen führte sein Konzept also keineswegs zu einem „Sozialismus mit menschlichem Antlitz".

Wer indes damals in der Bundesrepublik auf die Menschenrechtslage in den Ostblockstaaten einschließlich der DDR hinwies, geriet unter scharfen Beschuss der links und linksliberal eingestellten westdeutschen Medien und wurde als „kalter Krieger" diffamiert. Man dürfe nicht die Machthaber in Moskau oder in Ost-Berlin reizen, dies würde die Entspannung gefährden und die Kriegsgefahr erhöhen – eine Argumentation, die im heutigen Konflikt zwischen den EU-Staaten und dem Russland Wladimir Putins Auferstehung feiert.

Die Ostpolitik führte auch zu einer umfassenden wirtschaftlichen Zusammenarbeit zwischen der Bundesrepublik und der Sowjetunion, vor allem bei der Erschließung von Erdgasfeldern und dem Bau von Pipelines in den Westen. Doch gesellschaftspolitisch blieben die Deutschen beider Staaten die einzigen Nutznießer der internationalen Entspannungspolitik, weswegen sie heute in Polen und den anderen damals zum Ostblock gehörenden Staaten überwiegend kritisch gesehen wird. Denn die Führung in Moskau unter Leonid Breschnew sah ein wichtiges Ziel erreicht: In der KSZE-Schlussakte hatten sich die Unterzeichnerstaaten verpflichtet, die Unverletzlichkeit der Grenzen in Europa anzuerkennen und sich nicht in die inneren Angelegenheiten anderer Staaten einzumischen. Aus Moskauer Sicht war somit die sowjetische Herrschaft über Osteuropa sanktioniert. Sieben Jahre zuvor hatte Breschnew nach der Niederschlagung des Prager Frühlings 1968 verkündet, dass die anderen Staaten des Sowjetblocks zum Eingreifen verpflichtet seien, wenn in einem Mitgliedsstaat eine „Gefahr für den Sozialismus" entstehe. Im Westen wurde dieser außenpolitische Leitsatz Breschnew-Doktrin genannt.

Dies ist der entscheidende Unterschied zum heutigen Russland, weshalb der Verweis auf die Entspannungspolitik fehlgeht: Breschnew wollte gewaltsam gezogene Grenzen durch internationale Abkommen bestätigt sehen; Putin möchte durch internationale Abkommen bestätigte Grenzen gewaltsam ändern.

Die KSZE-Schlussakte sahen Breschnew und Andropow als Sieg über den kapitalistischen Westen an. Den 1976 ins Weiße Haus gewählten Demokraten Jimmy Carter, der von Moskau die Respektierung der Menschenrechte forderte, betrachteten sie als Dilettanten und Schwächling. Im Kreml nahm man überaus befriedigt zur Kenntnis, dass die SPD-Führung sich von den Appellen Carters an die Adresse Moskaus distanzierte, weil diese angeblich die Entspannungspolitik gefährdeten. Im Sinne des Revolutionärs Lenin wurden Brandt und Bahr wegen ihrer Kritik an Carter als „nützliche Idioten" angesehen.

Zweifelsohne war dies eine kurzsichtige Bewertung, denn sie berücksichtigte nicht, dass Brandt sowohl in der DDR als auch in der Volksrepublik Polen von vielen Menschen als Hoffnungsträger wahrgenommen wurde. Das belegten etwa die „Willy, Willy"-Rufe, als er mit dem DDR-Ministerpräsidenten Willi Stoph 1970 in Erfurt zusammentraf. Die Stasi hatte sehr gut verstanden, dass Brandt und nicht Stoph gemeint war. In Warschau brachte ihm sein Kniefall den Respekt vieler Intellektueller ein, er irritierte aber die Parteiführung, das Fernsehen durfte die Bilder nicht zeigen. Denn nun passte das Feindbild vom westdeutschen Revanchismus nicht mehr, ganz abgesehen davon, dass Brandt ja aktiver Gegner des NS-Regimes gewesen war. Dieses Feindbild aber war das Hauptargument zur Rechtfertigung der Stationierung von Sowjettruppen in den Satellitenstaaten. Auch auf Brandts Nachfolger Helmut Schmidt und Helmut Kohl passte dieses Etikett nicht.

Die Solidarność als Störfaktor

Doch war es die Politik Moskaus, die im Westen den Illusionen über die Annäherung der Blöcke den Boden entzog. Mit massiver Unterstützung der Sowjetarmee sowie der von Moskau ausgerüsteten kubanischen Streitkräfte gelangten in Äthiopien, Angola, Mosambik und Afghanistan kommunistische Rebellen an die Macht und schickten sich an, unter Anleitung des KGB in ihren Ländern den Sozialismus nach sowjetischem Vorbild aufzubauen: Wie in Sowjetrussland und in Osteuropa nach dem Zweiten Weltkrieg wurden ökonomische und soziale Strukturen systematisch zerstört, die intellektuellen Eliten waren schwersten Repressalien ausgesetzt, politische Morde und Exekutionen angeblicher Volksfeinde waren an der Tagesordnung, es kam zu Fluchtwellen.

Trotz des offenkundigen Scheiterns der Entspannungspolitik hielt die SPD-Führung an ihrer Linie fest, dass Kritik an der Sowjetunion die Lage noch schlimmer machen würde. Doch in den anderen westeuropäischen Ländern wurde das sowjetische Vorgehen scharf verurteilt. In den USA kehrte sich die politische Stimmung gegen den Friedenspolitiker Jimmy Carter, er musste nach nur vier Jahren das Weiße Haus für den Republikaner Ronald Reagan räumen.

Die Westdeutschen kannten Reagan als Cowboy in zweitklassigen Hollywoodfilmen. Nach seiner Wahl zum US-Präsidenten verbreiteten sich sehr schnell Mutmaßungen, dass er in Hollywood eine Rolle bei den antikommunistischen Kampagnen des Senators Joseph McCarthy gespielt habe. Und der nahm bei Publizisten des linken Lagers in der Bundesrepublik in der Liste der großen Schurken des 20. Jahrhunderts nach Hitler, Mussolini, Franco, Pinochet einen Spitzenplatz ein, während kommunistische Führer wie Lenin, Mao Tse-tung und Ho Tschi-minh, deren Terrorregime und gesellschaftspolitische Experimente Millionen das Leben kosteten, teilweise mit großer Nachsicht betrachtet wurden.

Gleichzeitig unterstützten die US-Geheimdienste und großen Konzerne in Lateinamerika Diktatoren, die ihre Gegner foltern ließen. So war die Empörung groß, als Reagan den Aufbau eines weltraumgestützten Raketensystems sowie die Aufstellung von Mittelstreckenraketen in der Bundesrepublik ankündigte und überdies die Sowjetunion das „Reich des Bösen" nannte. Der „Falke" Reagan wurde für die westdeutschen SPD- und Grünenwähler zum Feindbild Nr. 1. Daran änderte auch die Präzisierung eines Sprechers des Weißen Hauses nichts, Reagan habe damit die Berliner Mauer und den Todesstreifen, die Repressionen gegen Dissidenten sowie die Unterstützung des internationalen Terrorismus durch den KGB gemeint.

Ganz anders waren die Reaktionen der verbotenen Demokratiebewegungen in Polen und der Tschechoslowakei: Untergrundbulletins sowohl der Solidarność als auch der Charta 77 bescheinigten Reagan, dass er den Charakter des Sowjetregimes richtig erkannt habe. Die Gründung der unabhängigen Gewerkschaft Solidarność 1980 war Folge des Besuchs von Papst Johannes Paul II. in seiner polnischen Heimat im Jahr zuvor; rund zehn Millionen Menschen hatten ihm zugejubelt, jeder zweite erwachsene Pole. In seinen Predigten hatte er Respektierung der Gewissensfreiheit sowie der Menschenrechte gefordert und damit die Parteiführungen sowohl in Warschau als auch in Moskau herausgefordert. Die Solidarność, das erste Bündnis zwischen Arbeitern und Intellektuellen im Ostblock, wurde zur Massenbewegung; sie forderte freie Wahlen, Aufhebung der Zensur, Auflösung des Repressionsapparats – und wurde somit zur Bedrohung für das Parteiregime. Der Partei-, Regierungs- und Armeechef, General Wojciech Jaruzelski, versuchte, die Demokratiebewegung durch die Verhängung des Kriegsrechts am 13. Dezember 1981 zu zerschlagen.

Längst ist durch Materialien aus dem Archiv des Moskauer Zentralkomitees widerlegt, dass Jaruzelski damit einer sowjetischen Invasion nach dem Muster der Niederschlagung des Prager Frühlings 1968 zuvorgekommen sei. Zwar hatte das Politbüro in Moskau über eine militärische Intervention beraten, doch davon wieder Abstand genommen, weil man ein Wirtschaftsembargo des Westens befürchtete; die sowjetische Planwirtschaft war nämlich auf Getreidelieferungen und den Technologietransfer angewiesen. Beide Seiten einigten sich auf eine Propagandakampagne, die Jaruzelski als Vaterlandsretter darstellte – er habe einen Einmarsch der Sowjettruppen abgewendet und somit Blutvergießen verhindert.

Die in Bonn regierenden Sozialdemokraten empfanden die Solidarność als Störfaktor bei ihren Versuchen, die Entspannungspolitik wiederzubeleben. Dass streikende Arbeiter unter Bildern von Johannes Paul II. auf dem Gelände der Danziger Lenin-Werft vor einem Priester zur Beichte niederknieten, rief in der westeuropäischen Linken Abwehrreflexe hervor. Die führenden Köpfe der SPD zogen es vor, sich von der Solidarność, die als erzkonservativ und romantisch-revolutionär begriffen wurde, fernzuhalten, obwohl deren Wirtschaftsprogramm klassisch sozialdemokratisch war. Immerhin erkannte der Deutsche Gewerkschaftsbund (DGB), dass in Polen Arbeiter für ihre Rechte und bessere Arbeitsbedingungen stritten, und unterstützte die Solidarność über geheime Kanäle auch finanziell. Auch die CDU tat dies, der spätere Arbeitsminister Norbert Blüm zog dabei im Hintergrund die Fäden. Wie nach Öffnung der Warschauer Geheimdienstarchive nach der Wende bekannt wurde, war die polnische Stasi SB darüber bestens informiert. Eine der Kontaktpersonen Blüms, der Danziger Pfarrer Henryk Jankowski, war vom SB als Informant angeworben worden; er war wegen pädophiler Übergriffe erpressbar geworden. Jankowski, den auch die westlichen Medien oft interviewten, gehörte zum Umfeld Wałęsas, er berichtete dem SB über dessen Kontakte zu Diplomaten und Korrespondenten.

Bundeskanzler Helmut Schmidt verkannte die politische Bedeutung der Solidarność völlig. Dem französischen Staatspräsidenten François Mitterrand sagte er bei einem Kamingespräch: „Für Polen sehe ich nur noch zwei Lösungen. Die erste ist die rationale Lösung: Der Erzengel Michael hilft und bringt alles in Ordnung. Die zweite Lösung gehört in den Bereich des Wunders: Die Polen fangen wieder an zu arbeiten…" Schmidt war schon wenige Jahre zuvor ein kardinaler Irrtum über die Volksrepublik Polen unterlaufen: Er lobte den Parteichef Edward Gierek für das „polnische Wirtschaftswunder". In Wirklichkeit beruhte dieses auf Pump – den Milliardenkredit hatte ausgerechnet die Bundesregierung unter Schmidt vermittelt. Namentlich in Polen und anderen mitteleuropäischen Staaten werfen ihm heute Historiker vor, mit Krediten die Existenz der Parteiregime im Ostblock, somit die Teilung Europas, verlängert zu haben.

Schmidt wurde von der Verhängung des Kriegsrechts über Polen bei einem Besuch in der DDR überrascht. Er äußerte Verständnis dafür, „dass dies nun notwendig war". Es gelte, an der Entspannungspolitik festzuhalten. Völlig anders aber sah das die sozialistische Regierung Frankreichs unter Mitterrand, die Jaruzelski scharf kritisierte. Die französische Presse warf den deutschen Sozialdemokraten vor, „schamlos an Fiktionen festzuhalten", es sei Wunschdenken, durch das Vermeiden von Kritik die Dinge zum Besseren wenden zu können.

Um den Kriegsrechtsgeneral Jaruzelski nicht zu verärgern, vermied Willy Brandt es 1985 bei einem Besuch in Warschau, den zum großen Verdruss der Parteiführung ebenfalls mit dem Friedensnobelpreis ausgezeichneten Arbeiterführer Lech Wałęsa zu treffen: Er schlug bewusst einen Ort für ein Treffen vor, den dieser unmöglich akzeptieren konnte: die bundesdeutsche Botschaft in Warschau. Wäre Wałęsa gekommen, hätte die Parteipropaganda ihm vorwerfen können, er habe sich dem westdeutschen Klassenfeind angebiedert. Bei einer früheren Gelegenheit hatte es Brandt bereits abgelehnt, mit dem linksliberal orientierten Dissidenten Adam Michnik über Wege zur Demokratisierung Polens zu reden. Osteuropäische Regimegegner warfen Brandt Kumpanei mit den Mächtigen vor und hielten ihm das Beispiel Johannes Pauls II. vor: Dieser hatte 1983 bei seiner Reise nach Polen, das damals unter dem Kriegsrecht ächzte, ein Treffen mit Wałesa durchgesetzt; in der Folge hat die Regierung das innenpolitische Regime denn auch leicht gelockert.

Die Irrtümer Bahrs (und Augsteins)

Das Ausweichen Brandts war eine lang nachhallende Enttäuschung für die polnischen Menschenrechtler, sie hatten gerade auf die Unterstützung des in der ganzen Welt angesehenen Friedensnobelpreisträgers gesetzt, der zudem Präsident der Sozialistischen Internationale war. Geradezu für Empörung sorgte Egon Bahr: Er beschuldigte die Solidarność, den Frieden in Europa aufs Spiel zu setzen, da eine Destabilisierung der Volksrepublik Polen das Gleichgewicht der Militärblöcke gefährde. Wenige Wochen nach Verhängung des Kriegsrechts über Polen sagte Bahr, die Grenze der Blöcke mitten durch Europa habe während der 37 Jahre seit dem Kriegsende 1945 den Frieden garantiert; er sagte voraus, dass sie auch die nächsten 37 Jahre bestehen werde – das wäre dann das Jahr 2019 gewesen. Es war keineswegs die letzte fundamentale Fehleinschätzung des Architekten der sozialdemokratischen Ostpolitik. Den polnischen Intellektuellen blieb nicht verborgen, dass die SPD-Führung die Spaltung Europas verteidigte und den Platz der Polen im Moskauer Machtbereich sah, und sie vergaßen das nicht: Nach der Wende von 1989/90 schlug SPD-Politikern an der Weichsel großes Misstrauen entgegen; es bekam später weitere Nahrung durch die Annäherung zwischen Gerhard Schröder und Wladimir Putin.

Doch stand Bahr durchaus nicht allein mit den Attacken auf die polnische Demokratiebewegung da. Der *Spiegel*-Herausgeber Rudolf Augstein lobte Jaruzelski, dieser habe mit dem Kriegsrecht den Frieden in Europa gerettet. Augstein ging sogar so weit, Papst Johannes Paul II. vorzuwerfen, durch seine Unterstützung für die Solidarność „hinter der Fassade des Marienkults eine friedensbedrohende Politik" zu betreiben. In Anspielung an Stalins Bonmot über die fehlenden Divisionen des Vatikans schrieb Augstein: „Dieser Papst hat Divisionen, von einer Jungfrau geführt; nicht gerade eine Garantie für den atomaren Frieden." Er äußerte großes Verständnis für die sowjetische Besatzung Osteuropas: „Den Sowjets (...) wird angesonnen, ihr polnisches Glacis, von dem ihnen wahrlich Gefahr gedroht hat und droht, kampflos aufzugeben."

Es war eine völlig falsche Analyse eines der einflussreichsten deutschen Journalisten. Augstein hätte damals schon problemlos erkennen können, dass Johannes Paul II. die Führung der Solidarność um Wałęsa davon abgehalten hat, die Sowjetmacht herauszufordern. So hatte der Papst an sie appelliert, auf einen Generalstreik zu verzichten; die Probleme Polens könnten nur im Dialog mit der politischen Führung gelöst werden. So steht es auch in den Memoiren Wojciech Jaruzelskis: Er rechnete dem Papst hoch an, dass dieser bei seinem Besuch in Polen 1983 entscheidend dazu beigetragen habe, die Gesellschaft zu beruhigen.

Der zutiefst pazifistisch eingestellte Johannes Paul II. hat somit bei seinen Landsleuten eine fundamentale Abkehr von der polnischen Tradition durchgesetzt, sich in bewaffneten Aufständen gegen Fremdherrschaft zu erheben. Stattdessen rief er sie zur Solidarität untereinander auf und forderte die Führung in Warschau zur Beachtung der Menschenrechte auf. Seiner Botschaft hatte der ebenso korrupte wie intellektuell ausgelaugte Parteiapparat nur Repressionen, aber keine attraktive politische Alternative entgegenzusetzen. Die Führung der verbotenen Solidarność um Wałęsa ließ sich nicht zuletzt dank der moralischen Unterstützung durch den Papst weder durch Repressalien brechen noch durch angebotene Privilegien korrumpieren.

Der wiederholt verhaftete Publizist Jan Józef Lipski, Neugründer der vom Regime verbotenen traditionsreichen Sozialistischen Partei und Vorkämpfer der deutsch-polnischen Verständigung, schickte einen Leserbrief an den *Spiegel*, in dem es hieß: „Aus dem Artikel von Herrn Augstein erfahren wir, dass die Polen übergeschnappt sind: Sie verlangen nach Freiheit." Der Leserbrief Lipskis, der im Krieg im Widerstand aktiv gegen die deutschen Besatzer gekämpft und auch mehrere Juden versteckt hatte, wurde nicht vom *Spiegel* abgedruckt, er erschien lediglich in der renommierten polnischen Exilzeitschrift *Kultura* in Paris. Besonders empörte es die vom Regime verfolgten polnischen Demokraten, dass die Deutschen, die durch ihren Krieg ja die Polen erst in diese fatale Lage gebracht hatten, nun von ihnen verlangten, sich gefälligst damit abzufinden – damit die Westdeutschen ihre Ruhe hätten.

Autoren der proeuropäischen *Kultura* warfen der deutschen Friedensbewegung vor, mit der Formel „Lieber rot als tot" einen Irrweg eingeschlagen zu haben. Die Debatte in der Bundesrepublik sei auf die falsche Alternative „Krieg oder Frieden" reduziert; die wahre Alternative aber laute: Bereitschaft zur Verteidigung der Demokratie oder Erpressung durch ein repressives Regime.

Weite Kreise der westdeutschen Gesellschaft hingen laut *Kultura* einem naiven Irrglauben an, wenn sie die Parole ausgäben, dass die Friedfertigen nicht angegriffen würden. Die Geschichte kenne kein Beispiel dafür, aber unzählige für das Gegenteil. Auch die linken Dissidenten Adam Michnik in Warschau und György Konrád in Budapest, die wie Lipski den Parteiführern im Sowjetblock vorwarfen, die Ideen des Sozialismus verraten zu haben, äußerten sich in diesem Sinne.

Der Friedensbewegung der achtziger Jahre, die sich gegen die amerikanische Nachrüstung richtete, widersetzte sich indes Bundeskanzler Schmidt. Der sogenannte Nato-Doppelbeschluss trug auch seine Handschrift: Er sah die Aufstellung von Mittelstreckenraketen des Typs Pershing II in Westeuropa vor, darunter in der Bundesrepublik, lud aber auch Moskau zu Abrüstungsverhandlungen ein. Doch weite Kreise der SPD verweigerten ihm dabei die Gefolgschaft und trugen damit 1982 ihren Teil zum Ende der sozialliberalen Koalition in Bonn bei.

Dass Helmut Schmidt und auch Helmut Kohl als sein Nachfolger an der Spitze der Bundesregierung mit dem Festhalten am Doppelbeschluss in der Tat zum Einlenken Moskaus beigetragen haben, belegen Passagen aus den Politbüro-Akten, die nach der Auflösung der Sowjetunion veröffentlicht wurden. Die Experten des KGB und des Militärgeheimdienstes GRU waren zu der Erkenntnis gelangt, dass die Sowjetunion bei der von Reagan eingeleiteten neuen Runde des Wettrüstens nicht mithalten könnte, weder technologisch noch wirtschaftlich. Der KGB ebnete somit Michail Gorbatschow den Weg an die Parteispitze, ihm wurde zugetraut, das Land zu modernisieren. Gefördert worden war er besonders vom langjährigen KGB-Chef Andropow, der nach dem Tod Breschnews 1982 an die Parteispitze getreten war. Der kränkelnde Andropow war wiederholt zur Erholung in die Heilbäder im Nordkaukasus gereist, der regionale Parteichef machte ihm dort regelmäßig seine Aufwartung, berichtete ihm von Schlendrian sowie Mangelwirtschaft in der Provinz und schlug Gegenmaßnahmen vor. Dieser regionale KP-Chef war Michail Gorbatschow. Andropow holte ihn nach Moskau ins Politbüro.

Nachdem Andropow nach nur fünfzehn Monaten im Amt und sein Nachfolger Konstantin Tschernenko nach nur zwölf Monaten gestorben waren, trat der verbindlich auftretende Gorbatschow 1985 an die Spitze der Partei. Er war 54 Jahre alt, kerngesund und tatkräftig. Sein Aufstieg zum Kremlchef war Folge der Konfrontationspolitik Reagans, nicht aber der Entspannungspolitik Brandts und Carters. Zwei russische Wörter, die für Gorbatschows Reformprogramm standen, machten Karriere auch in den internationalen Medien: *perestroika* (Umbau) und *glasnost* (Aussprechen der Dinge). Mit der zweiten Vokabel, abgeleitet vom kirchenslawischen *glas* (Stimme), wurde eine neue Medienpolitik des Kremls umschrieben, die eine begrenzte Kritik an den Zuständen im Lande erlaubte. Zwar durften Fernsehen und Zeitungen fortan Schlamperei in Wirtschaft und Verwaltung anprangern und erstmals über den Terror der Stalinzeit berichten, doch das Machtmonopol der KP blieb tabu.

Gorbatschows innenpolitische Reformen, denen letztlich kein Erfolg beschieden war, gingen einher mit einer Entspannungsoffensive in der Außenpolitik. In der Bundesrepublik wurde Gorbatschow als großer Visionär gefeiert; die Amerikaner, Briten, Franzosen schauten verwundert und skeptisch auf die „Gorbimanie", die weite Kreise der westdeutschen Gesellschaft erfasste. Seine Bücher, offenkundig von Ghostwritern verfasst, wurden Bestseller, sein Ausspruch „Wir brauchen Demokratie wie Luft zum Atmen" wurde begeistert gefeiert. Konkreter wurde Gorbatschow allerdings nicht. In seinen Büchern pries er die Sowjetunion als Völkergemeinschaft, in der alle nationalen Vorurteile und Gegensätze überwunden seien. Über die Konflikte im Kaukasus, die damals längst in die internationalen Nachrichten gelangt waren, über die Menschenrechtler im Baltikum und in der Ukraine, die die Unterdrückung ihrer Kulturen durch Moskau beklagten und dafür in den Gulag geschickt wurden, verlor er kein Wort, ebensowenig wie über ein weiteres schwerwiegendes Problem des Vielvölkerstaates, das in Untergrundpublikationen angeprangert wurde: den russischen Rassismus namentlich gegenüber den Sowjetbürgern aus dem Kaukasus und Mittelasien.

Viel wurde über den Ursprung der Gorbimanie unter den Deutschen gerätselt. Ein Teil der Medien dichtete ihm ein starkes Charisma an; doch bei seinen Pressekonferenzen und seinen Reden war nichts davon zu spüren. Er sprach hölzern und ohne Esprit, er wirkte oft zerfahren, sein Russisch war simpel, sein starker südrussischer Akzent wurde von den Moskauern bespöttelt. Er war das Gegenteil von einem Volkstribun und auch kein Intellektueller.

Und doch muss Gorbatschow bei persönlichen Begegnungen in kleinstem Kreis auf seine Gesprächspartner überzeugend gewirkt haben. Johannes Paul II. sagte über ihn: „Man spürte, dass er aufrichtig war." Er nannte ihn gar einen „Mann der Vorsehung", der dank göttlicher Fügung für den Frieden in der Welt wirke. Ähnlich äußerte sich der tief gläubige Reagan über ihn, als beide schon nicht mehr in ihren Ämtern waren: Gorbatschows Wirken sei „Teil eines Planes Gottes" gewesen. Viele Deutsche projizierten auf ihn ihre Sehnsüchte nach Frieden in der Welt.

Die Wende im Ostblock

Reagan würdigte die Initiativen Gorbatschows, er forderte ihn aber auch auf, noch mutigere Schritte zu gehen, und stellte dafür seine Unterstützung in Aussicht. Bei einem Besuch in West-Berlin 1987 hielt Reagan vor der Berliner Mauer, das Brandenburger Tor jenseits des Todesstreifens im Hintergrund, eine Rede, die in der Aufforderung gipfelte: „Generalsekretär Gorbatschow, falls sie wirklich Frieden anstreben, falls Sie Wohlstand für die Sowjetunion und Osteuropa anstreben, falls Sie eine Liberalisierung anstreben, so kommen Sie hier zu diesem Tor! Mister Gorbatschow, öffnen Sie dieses Tor! Mister Gorbatschow, reißen Sie diese Mauer nieder!"

Die Rede wurde in Untergrundpostillen von Menschenrechtsgruppen im Ostblock sehr positiv kommentiert, so in Warschau von Adam Michnik, in Prag vom Dramatiker Václav Havel. Vertreter des bundesdeutschen Linksspektrums aber bezeichneten den Auftritt Reagans als Zumutung und Provokation für Gorbatschow. Aus Anlass des Besuchs des US-Präsidenten hatten Links-

Gruppierungen in West-Berlin zu einer Kundgebung gegen ihn aufgerufen, daran nahmen rund 50.000 Menschen teil.

Überraschend fanden Gorbatschow und Reagan eine gemeinsame Sprache, was viele deutsche Gorbi-Verehrer verstörte. Im Dezember 1987 unterzeichneten sie den INF-Vertrag: Er verbot alle landgestützten Raketen zwischen 500 und 5500 Kilometern Reichweite. Es war der umfassendste Abrüstungsvertrag der Geschichte. In seinen Memoiren lässt Gorbatschow keinen Zweifel daran, dass das Abkommen Folge des immensen amerikanischen Drucks war, Moskau habe angesichts der gewaltigen Wirtschaftsprobleme unbedingt die Staatsausgaben für das Militär senken müssen. Nirgendwo auf der Welt war der Anteil des militärindustriellen Komplexes beim Bruttoinlandsprodukt größer als in der Sowjetunion. Gorbatschow beschrieb in seinen Memoiren Reagan auch als zuverlässigen Partner, dem der Frieden in der Welt ebenfalls Herzensangelegenheit gewesen sei. Auch Bundeskanzler Kohl fand nach anfänglichen Irritationen eine gemeinsame Sprache mit Gorbatschow, obwohl Bahr bei einem Besuch in Moskau versucht hatte, Kohl als Gegner einer Friedenspolitik darzustellen.

Allerdings gelang es Gorbatschow nicht, die Spannungen zwischen den einzelnen Völkerschaften und Gesellschaftsgruppen in der Sowjetunion zu verringern, im Gegenteil: Sie nahmen ständig zu. Einer der Hauptgründe lag in den inkonsequenten Reformen. Angesichts der miserablen Wirtschaftsdaten verfielen deutsche Gorbi-Verehrer in Politik, Kirchen und Medien auf den Gedanken, ihn durch ein Hilfsprogramm zu stützen. Unter dem Motto „Russlands Kindern droht Hunger" wurden Spendenaktionen initiiert. Westdeutsche Kaufhäuser boten „Russland-Pakete" für Hilfstransporte in die Sowjetunion an.

Das war alles gut gemeint, doch bewirkte die Kampagne das Gegenteil. Bundesdeutsche Diplomaten an der Moskwa hatten es vorausgesagt: Zwar leide die Bevölkerung unter den krassen Versorgungsproblemen bei Lebensmitteln und Konsumgütern, doch sei das Land weit von einer Hungersnot entfernt, die Aktionen würden dem Ansehen Gorbatschows bei der eigenen Bevölkerung massiv schaden. In der Tat sah er sich im Obersten

Sowjet, in dem mittlerweile immer häufiger Kritik an der Staatsführung geäußert wurde, massiv dem Vorwurf ausgesetzt, die Sowjetunion so weit heruntergewirtschaftet zu haben, dass sie nun zum Empfänger von Almosen ausgerechnet von den Deutschen geworden sei, die die Sowjetmenschen im Zweiten Weltkrieg unter großen Opfern niedergerungen hätten.

Gorbatschow erkannte, dass die Sowjetunion nicht mehr in der Lage war, die bisherige Kontrolle über die Satellitenstaaten aufrecht zu erhalten. 1988 erklärte er, jedes Mitglied des Rates für gegenseitige Wirtschaftshilfe (RGW), des auch unter der englischen Abkürzung Comecon bekannten miserabel funktionierenden Gegenstücks zur Europäischen Wirtschaftsgemeinschaft (EWG), solle auf seine Weise seine Probleme lösen. Es war eine Abkehr von der Breschnew-Doktrin; der wortgewandte Kremlsprecher Gennadi Gerassimow sprach scherzhaft von Sinatra-Doktrin, nach dem Titel des bekannten Schlagers „*I did it my way*".

Auch die Führung in Warschau suchte Wege, den Staatsbankrott zu vermeiden. Im Frühjahr 1989 sah General Jaruzelski keinen anderen Ausweg, als die Demokratiebewegung um die Solidarność zumindest symbolisch an der Macht zu beteiligen. Auf diese Weise sollte sie neutralisiert werden. Die Rechnung ging nicht auf: Die ersten teilweise freien Wahlen nach dem Krieg am 4. Juni 1989 endeten mit einem Erdrutschsieg der Kandidaten der Solidarność. Als Vater des sensationellen Wahlsiegs rühmte Wałęsa den polnischen Papst in Rom. Der aber verstand übrigens nie, dass dasselbe wie die Solidarność, nämlich eine gerechte Gesellschaftsordnung, auch die Vertreter der lateinamerikanischen Befreiungstheologie forderten, und bekämpfte sie unerbittlich.

Eine Rolle bei der Entwicklung in Polen hatte auch ein Kardinalfehler Gorbatschows bei seinem Besuch in Warschau im Jahr zuvor gespielt: Er versagte in der Katyn-Frage – und fiel damit Jaruzelski ungewollt in den Rücken. Der General hatte begriffen, dass einer der Hauptgründe für die Ablehnung des Sowjetsystems durch das Gros seiner Landsleute in den Geschichtslügen des Regimes zu suchen war. An zentraler Stelle stand hier die

Ermordung polnischer Offiziere unweit des russischen Dorfs Katyn im Zweiten Weltkrieg, die Moskau den Deutschen anlastete. Dies war immer auch die offizielle Position des Regimes in Warschau gewesen.

Doch nach der Wende gab Jaruzelski zu, dass er sehr wohl die sowjetische Geheimpolizei NKWD der Täterschaft verdächtigt habe, aber dafür keine Beweise habe vorlegen können. Da er im „Kampf um die Wahrheit von Katyn" die letzte Chance sah, mit einem patriotischen Akt seine Rolle als Kriegsrechtsgeneral vergessen zu machen, schlug er Gorbatschow im Zeichen von Glasnost die Bildung einer gemeinsamen Historikerkommission zur Erforschung der „weißen Flecken der Geschichte" vor. Die polnischen Mitglieder der Kommission konfrontierten ihre russischen Kollegen mit ihren Zweifeln an der Katyn-Version des Kremls und verlangten Einblick in die Originaldokumente. Aus Moskau jedoch verlautete, dass es solche Dokumente nicht gebe, da es sich ja um ein deutsches Verbrechen handle.

Es war eine glatte Lüge. Wie später nach der Öffnung eines Teils der sowjetischen Geheimarchive bekannt wurde, hatte Gorbatschow sogar den Entwurf für den Exekutionsbefehl in der Hand gehabt, der die Unterschriften Stalins und weiterer Mitglieder der Parteiführung trug. Er hatte auch das Original des Geheimen Zusatzabkommens zum Ribbentrop-Molotow-Pakt gesehen, in dem sich Nazi-Deutschland und die Sowjetunion auf die Teilung Polens geeinigt hatten. Dies ging aus den Datumsangaben und Paraphen auf der Dokumentenmappe hervor, dies bezeugte auch der frühere Chef des sowjetischen Präsidialamtes.

Doch Gorbatschow wich dem unbequemen Thema aus. Mitglieder der sowjetischen Delegation berichteten später, er habe den warmen Empfang, der ihm 1988 in Warschau bereitet worden war, fehlinterpretiert. Als erster sowjetischer Parteichef hatte er kurz das Bad in der Menge gesucht und war von dem sorgfältig ausgesuchten Publikum gefeiert worden. Er habe erwartet, dass ihn diese Sympathiebekundungen der Pflicht enthöben, die Streitfragen aus der Geschichte aufklären zu lassen. Doch in Wirklichkeit waren die polnischen Intellektuellen von ihm zutiefst enttäuscht. An dieser Stimmung sollte sich nichts mehr ändern, zumal die westdeutsche Gorbi-Begeisterung die Polen äußerst misstrauisch machte. Überdies war und ist bis heute die überwältigende Mehrheit der Polen davon überzeugt, dass der Kreml hinter dem Attentat auf Johannes Paul II. von 1981 stand.

So musste der Kreml hinnehmen, dass am 24. August 1989 der katholische Publizist Tadeusz Mazowiecki, ein Freund des polnischen Papstes und Berater der Solidarność, zum ersten nichtkommunistischen Premier Polens seit dem Krieg gewählt wurde. Bei den vorangegangenen Verhandlungen hinter verschlossenen Türen hatten zwei Rechtsberater Wałesas mit großem Geschick der Solidarność eine Mehrheit im Sejm organisiert, indem sie die kleinen Blockparteien auf die Seite der Demokratiebewegung zogen: die Zwillinge Jarosław und Lech Kaczyński.

Schon fünf Tage vor der Wahl Mazowieckis hatten die ungarischen Reformkommunisten einen ebenfalls überaus folgenreichen Schritt unternommen: Sie hatten ein Picknick der Paneuropa-Union an der Grenze zu Österreich unweit der Stadt Sopron genehmigt und dafür die Sperranlagen vorübergehend geöffnet. Budapest wollte damit testen, ob die Formel von der „Sinatra-Doktrin" von Moskau wirklich ernst gemeint war. Die Paneuropa-Union, nach den Schrecken des Ersten Weltkriegs gegründet und von Intellektuellen aus vielen Ländern unterstützt, strebte die Verwirklichung der Vision von den „Vereinigten Staaten von Europa" an. Mehr als 600 DDR-Bürger nutzten dann die Stunden der Grenzöffnung zur Flucht nach Österreich.

Die DDR-Führung unter Honecker schränkte daraufhin die Reisemöglichkeiten durch die Tschechoslowakei nach Ungarn stark ein. In der Folge versuchten Tausende von DDR-Bürgern, über Polen den Weg in den freien Westen zu finden. Polens neue Regierung unter Mazowiecki ließ die DDR-Bürger in Schulen sowie Heimen des Roten Kreuzes unterbringen und hinderte sie nicht daran, Kontakt zur bundesdeutschen Botschaft aufzunehmen. Polen wurde auf diese Weise noch vor dem Fall der Berliner Mauer zu einem Loch im eisernen Vorhang.

Das Geschenk der Wiedervereinigung

Von der Öffnung der Mauer am 9. November 1989 wurde die Führung in Moskau völlig überrascht. Auch Bundeskanzler Helmut Kohl hatte nicht damit gerechnet, er hielt sich an dem Tag zu seinem ersten offiziellen Besuch in Warschau auf, flog dann aber für einen Tag nach Berlin. Die Regierungsmaschine der Bundesluftwaffe brachte ihn nach Hamburg, dort stieg er in einen Linienflug der PanAm um, deutsche Flugzeuge durften damals noch nicht die drei Luftkorridore nach West-Berlin nutzen. Drei Wochen später stellte Kohl im Bundestag seinen Zehn-Punkte-Plan für eine Vertragsgemeinschaft zwischen Bundesrepublik und DDR auf dem Weg zur deutschen Einheit vor.

Dieser Plan stieß auf strikte Ablehnung bei der britischen Premierministerin Margaret Thatcher und dem französischen Präsidenten François Mitterrand. Thatcher, die als Jugendliche die Bombardierung Englands durch die deutsche Luftwaffe erlebt hatte, fürchtete, dass Deutschland Hegemonialmacht in Europa werden und bei einer Krise in eine „Barbarei" wie im Zweiten Weltkrieg zurückfallen könnte. Bei Besuchen in Paris und Moskau holte sie sich die Zusicherungen Mitterrands und Gorbatschows, dass auch sie die deutsche Wiedervereinigung blockieren würden. Gorbatschow versprach das bei einem Besuch in Rom Anfang Dezember 1989 auch dem italienischen Premier Giulio Andreotti, der schon früher vor dem deutschen „Pangermanismus" gewarnt hatte.

Im Januar 1990 erklärte Gorbatschow, dass die Frage der deutschen Einheit nicht auf der Tagesordnung stehe: „Das wird die Geschichte entscheiden." Im Februar unterstrichen hohe Sowjetfunktionäre, Moskau werde die DDR „nicht im Stich lassen". Wie Berater Gorbatschows später berichteten, rechneten sie damit, dass die Bundesregierung nicht an einer weiteren Massenflucht aus der DDR interessiert sein könne, sondern mit neuen Krediten zu deren Stabilisierung beitragen würde. Sie hofften vor allem auf die Volkskammerwahlen am 18. März 1990 – und setzten dabei auf die SPD. Nach den Umfragen wurde nämlich ein klarer Wahlsieg der neugegründeten SPD der DDR erwartet. Das Kalkül in Moskau war, dass eine künftige SPD-geführte DDR-

Regierung die Frage der deutschen Einheit erst einmal für obsolet erklären würde, denn fast alle führenden SPD-Politiker in der Bundesrepublik sprachen sich klar gegen eine Wiedervereinigung aus.

Nach dem Sturz Helmut Schmidts durch ein Misstrauensvotum 1982, das Helmut Kohl ins Bundeskanzleramt brachte, hatte die SPD als Oppositionspartei Abstand vom politischen Ziel der deutschen Einheit genommen. Willy Brandt befand, es sei an der Zeit, die „fruchtlose Diskussion" darüber zu beenden.

Brandt erklärte 1988, die Zweiteilung Deutschlands sei „eine späte Wiedergutmachung dafür, dass und wie von deutschem Boden Krieg ausgegangen war". In seinen im September 1989 erschienenen Memoiren schrieb er, das Gerede von der Wiedervereinigung sei eine „Lebenslüge". Als Zehntausende von DDR-Bürgern bereits ihr Land in Richtung Ungarn oder Polen verlassen hatten, um auf diese Weise in die Bundesrepublik zu gelangen, ließ der SPD-Vorsitzende Hans-Jochen Vogel ein Telegramm an die SED-Führung schicken: Man werde die DDR gegen die „Angriffe und Diffamierungen der CDU" verteidigen. Peter Glotz, der langjährige Bundesgeschäftsführer und Vordenker der SPD, sagte drei Wochen vor dem Mauerfall, der Gebrauch des Wortes Wiedervereinigung sei „opportunistisch und widerwärtig"; Gerhard Schröder, der niedersächsische Oppositionsführer und spätere Bundeskanzler, nannte es „reaktionär und hochgradig gefährlich".

Egon Bahr ging angesichts der Flüchtlingswelle noch weiter: Die Deutschen der DDR würden sich ihren Staat nicht wegnehmen lassen, die SED-Führung müsse aber sicher sein, dass man ihr „ihren Staat" nicht wegnehmen wolle, sonst gebe es keine Reformen. „Die DDR ist nicht käuflich", befand er. Die CDU-geführte Bundesregierung habe eine Mitverantwortung, dass die Menschen in der DDR blieben. Sie habe die Verpflichtung zur wirtschaftlichen Hilfe, „und zwar ziemlich massiv". Schon zuvor hatte er immer wieder die völkerrechtliche Anerkennung der DDR gefordert. Der CDU warf er vor, dass ihr Programm nach wie vor die Wiedervereinigung als politisches Ziel enthalte. Dies sei „Selbsttäuschung, Lüge, Heuchelei". Die sowjetische Presseagentur TASS lobte Bahr für diese Äußerungen.

Unter dem Eindruck der Bilder vom 9. November änderte Willy Brandt seine Meinung ein weiteres Mal diametral. Er sagte den berühmt gewordenen Satz: „Nun wächst zusammen, was zusammengehört." Doch Brandts Vertrauter Egon Bahr befand fünf Tage nach dem Mauerfall, die Forderung nach einer Wiedervereinigung sei „politische Umweltverschmutzung", und wiederholte den Begriff „Lebenslüge". Der saarländische Ministerpräsident Oskar Lafontaine machte sich über die aus der DDR-Bevölkerung kommenden Forderungen nach Wiedervereinigung lustig, die sich in Spruchbändern mit dem Satz „Wir sind ein Volk" manifestierten: „Welch ein Schwachsinn!" Er forderte, die Übersiedlung von DDR-Bürgern in die Bundesrepublik stark zu begrenzen. Hans-Jochen Vogel warf daraufhin den Skeptikern aus den eigenen Reihen vor, sie wollten „neue Mauern aufbauen". Vogel war inzwischen auf die neue Linie Brandts eingeschwenkt, auch Helmut Schmidt forderte eine rasche Wiedervereinigung.

Der polnische Arbeiterführer Lech Wałęsa begrüßte die Perspektive eines geeinten Deutschlands. Er erklärte, es bestehe die Gefahr, dass eine fortbestehende DDR sich nicht der Kontrolle Moskaus entziehen könne, sie würde dann weiterhin wie ein Riegel zwischen Polen und Westeuropa liegen. Auch der frühere Dissident Václav Havel, der in der „samtenen Revolution" in Prag mittlerweile zum Staatspräsidenten der Tschechoslowakei gewählt worden war, und die in Budapest regierenden Reformkommunisten bekundeten Bundeskanzler Helmut Kohl ihre Unterstützung.

Die Sache entschieden am 18. März 1990 die Wähler der DDR. Entgegen allen Voraussagen siegte die von der CDU geführte „Allianz für Deutschland" mit großem Vorsprung. Sie erreichte 40,8 Prozent der Stimmen. Zur großen Enttäuschung der Führung in Moskau kam die SPD nur auf 21,9 Prozent, die aus der SED hervorgegangene PDS auf 16,4. Mit großer Mehrheit stimmten die Abgeordneten der ersten frei gewählten Volkskammer dann für die Wiedervereinigung, formaljuristisch für den Anschluss an die Bundesrepublik. Der neue US-Präsident George Bush sen. unterstützte diesen Prozess. Er sah ebenso wie Kohl, dass die Gunst der Stunde genutzt werden müsse, um die Spaltung dieses Teils Europas zu überwinden.

Nun erst begriff Gorbatschow, dass dieser Prozess nicht aufzuhalten war. Schon lange vor dem Fall der Berliner Mauer war er nur noch Getriebener, längst nicht mehr Handelnder gewesen. Er war dringend auf Kredite zur Stabilisierung der sowjetischen Wirtschaft angewiesen. Bush sen. hatte aber klargestellt, dass Moskau nichts aus Washington erwarten könne, so lange einschneidende Strukturreformen ausblieben. Als Anreiz schlug er weitere Abrüstungsmaßnahmen auf beiden Seiten vor.

Als einziger Geldgeber kam für Gorbatschow die Bundesregierung in Frage. Der Preis für die Unterstützung Bonns im Kampf gegen den wirtschaftlichen und sozialen Absturz der Sowjetunion war die Freigabe der DDR. Überdies wurde damit auch eine finanzielle Last von Moskau genommen, denn die Stationierung der Truppen band zu viele Mittel, die für den Umbau der Volkswirtschaft dringend gebraucht wurden. Vor allem aber versprach Gorbatschow sich von der Zusammenarbeit mit Deutschland langfristige Vorteile für die sowjetische Wirtschaft, zuvorderst Technologie-Import für die rückständige Industrie.

Verhandelt wurde über den künftigen militärpolitischen Status des wiedervereinigten Deutschlands sowie über die Übernahme der Kosten für den Abzug der Sowjettruppen aus der DDR. Gorbatschow konnte sich nicht mit dem Vorschlag durchsetzen, Deutschland solle aus der Nato ausscheiden und neutral sein. Er akzeptierte schließlich auch, dass das Gebiet der ehemaligen DDR zur Nato gehören könne; allerdings sollten dort keine Truppen aus anderen Staaten stationiert werden.

Dokumente und Zeitzeugenberichte belegen, dass Gorbatschow keineswegs der Vater der deutschen Einheit ist, geschweige denn, dass er den Deutschen die Einheit „geschenkt" habe, wie in den Diskussionen der letzten Jahre über das deutsch-russische Verhältnis immer wieder zu hören ist. Vielmehr hat er sich lange energisch dagegen gestemmt. Die Entscheidung über die Wiedervereinigung haben die DDR-Bürger selbst getroffen, durch den Druck, mit dem sie die Öffnung der Berliner Mauer erzwungen haben, und durch ihre Entscheidung bei den ersten und einzigen freien Volkskammerwahlen in der DDR.

Möglich war dies aber nur, weil die Ungarn und die Polen hierbei die Vorarbeit geleistet hatten, indem sie die ersten Löcher in den Eisernen Vorhang rissen.

Die politischen Hauptakteure dieser dramatischen Monate, Bush sen., Kohl und Gorbatschow, waren sich im Rückblick einig, dass der polnische Papst – dessen Bild bei den Westdeutschen vor allem durch seine rigide, sich für die Kirche überaus destruktiv auswirkende Sexualmoral geprägt wurde – bei der Wende im Ostblock eine wichtige Rolle gespielt hat. Ohne ihn wäre die Solidarność nicht entstanden, die den friedlichen Systemwechsel in Polen erreicht und so zum Zusammenbruch des Sowjetblocks erheblich beigetragen hat. Auch die erste demokratisch legitimierte, gleichzeitig letzte DDR-Regierung sah es so, sie widmete dem polnischen Papst deshalb 1990 eine Briefmarke.

Dass der Papst einer der Väter der deutschen Einheit ist, betonte auch Kanzler Kohl, als er mit ihm 1996 durch das Brandenburger Tor schritt. Gorbatschow sagte dazu später: „Das Einreißen des Eisernen Vorhangs wäre ohne Johannes Paul II. unmöglich gewesen." Auch habe der Papst sehr viel dazu beigetragen, „die Menschen von der Drohung eines Atomkriegs zu befreien". In seinen Memoiren nannte Gorbatschow ihn „einen der größten Humanisten unserer Zeit". Auf einem anderen Blatt steht, dass Johannes Paul II. die Stimmungen unter seinen Landsleuten falsch eingeschätzt hatte. Die große Mehrheit ignorierte seine Moralvorstellungen, nach der politischen Wende verlor die Kirche in Polen ihre herausragende Stellung als gesellschaftliche Autorität.

Kohl dankte auch der polnischen Führung, dass sie während der bewegten Monate 1989/90 trotz aller Pressionen von Margaret Thatcher aus London, von François Mitterrand aus Paris, Giulio Andreotti aus Rom und Michail Gorbatschow aus Moskau die Wiedervereinigung unterstützt hatte. Premier Tadeusz Mazowiecki wies darauf hin, dass das keineswegs selbstlos geschehen sei: Eine weiterbestehende DDR hätte Polen den Weg in die westlichen Strukturen blockiert. Der einzige Regierungschef eines großen westeuropäischen Landes, der sich von Anfang an vorbehaltlos für die deutsche Einheit ausgesprochen hatte, war der spanische Sozialist Felipe González, ein politischer Ziehsohn Willy Brandts. Er irritierte damit nicht nur die SPD-Opposition in Bonn, sondern auch die britische, die französische und die italienische Regierung.

Zu den Vätern der deutschen Einheit ist neben George Bush sen. zweifellos auch dessen Vorgänger Ronald Reagan zu zählen, der Gorbatschow vor Augen führte, dass Moskau sich mit dem Sowjetimperium übernommen hatte. Reagan, von dem der frühere Kremlchef in seinen Memoiren zur Überraschung seiner deutschen Leser ein warmherziges Bild zeichnete, bekam sogar ein Denkmal für seinen Beitrag zum Fall der Berliner Mauer, es erinnert an seine Aufforderung: „Mister Gorbatschow, reißen Sie diese Mauer nieder!" Es steht allerdings nicht in Berlin, sondern in Warschau.

Es herrscht wieder Kalter Krieg zwischen dem Westen und Russland. Vorbei sind die Zeiten, als die Teilung Europas als überwunden galt. Der Kreml stuft die Europäische Union und die Nato als Feinde ein, westliche Stiftungen und Vereine, die sich der Förderung kultureller und gesellschaftlicher Kontakte verschrieben haben, müssen sich als „ausländische Agenten" registrieren lassen, einem Teil von ihnen wurde jegliche Tätigkeit in Russland verboten. Dabei hatte Kremlchef Wladimir Putin sich selbst nach seiner Wahl im Jahr 2000 als Westler bezeichnet. Warum sind die westlichen Regierungen nicht auf seine Angebote zur engen Zusammenarbeit eingegangen?

Am 21. Dezember 1991 wurde die sowjetische Fahne mit Hammer und Sichel über dem Kreml eingeholt und die russische Trikolore gehisst. Den Zerfall der Sowjetunion hatte maßgeblich der russische Präsident Boris Jelzin betrieben, um den sowjetischen Präsidenten Michail Gorbatschow aus dem Kreml zu verdrängen. Doch schon bald versuchte Moskau, die neuen unabhängigen Staaten wieder fest an sich zu binden. Jelzin ließ keine Zweifel daran, dass er diese Länder als russische Einflusszone ansah. Deren Führungen aber versuchten, sich weiter von Moskau zu lösen. Das ging besonders in Mittelasien und im Kaukasus mit administrativem Druck auf die dort seit Generationen lebenden Russen einher. Ein Großteil von ihnen siedelte deshalb nach Russland über. In den ehemaligen Sowjetrepubliken blieben nur der Nordwesten Kasachstans sowie die Industriegebiete in der Ostukraine, die Region Odessa, die Halbinsel Krim, Transnistrien und der Osten Estlands russisch geprägt.

Besonders groß war der Druck auf die ethnischen Russen in den Republiken Mittelasiens und in Aserbeidschan, eine Spätfolge der Eroberungskriege und der Kolonisierung unter den Zaren. Die Russen hatten die einheimischen muslimischen Eliten dezimiert, ihre Kultur unterdrückt. Dies änderte sich auch nicht in der Sowjetära, als Moskau die Parole von der Völkerfreundschaft in der UdSSR ausgab. Nach dem Zerfall der UdSSR entwickelten alle ehemaligen Sowjetrepubliken eigene nationale Erzählungen, in denen die Russen vor allem als rassistische Kolonisatoren auftreten.

Die Moskauer Medien aber ignorierten diese Debatten weitgehend. Zum wichtigsten Thema wurden stattdessen zunächst die Wirtschaftsreformen, Experten aus aller Welt warben in Moskau für ihre Konzepte. Die russische Regierung entschied sich für eine Schocktherapie. Doch ist es eine Legende, dass der Internationale Währungsfonds, die USA und die Europäische Wirtschaftsgemeinschaft (EWG) Moskau dazu gezwungen hätten. Vielmehr lag die Entscheidung allein im Kreml, ganz abgesehen davon, dass Bundeskanzler Helmut Kohl und der französische Staatspräsident François Mitterrand zu einem behutsameren Vorgehen geraten hatten.

Der Reformplan scheiterte allerdings völlig. Es fehlten nämlich die Mittel zur Abfederung sozialer Härten; ohnehin war ein Teil der Bevölkerung wegen der in der Perestroika einsetzenden Inflation bereits verarmt. Vor allem wurden die Menschen unzureichend über den Sinn und Zweck der harten Maßnahmen informiert. Hinzu kam, dass die meisten Russen den Zerfall des Sowjetimperiums als demütigenden Verlust erlebten – und nicht verstanden, dass die Ursachen dafür in der Schwäche der Kommandowirtschaft zu suchen waren sowie in den kostspieligen Versuchen, in Ländern der Dritten Welt prosowjetische Regime zu installieren. Die Schocktherapie führte zu Verteilungskämpfen, die oft mit kriminellen Methoden – Korruption, Mord und Totschlag – ausgetragen wurden. Es entstand eine Oligarchenschicht, der vor allem ehemalige Partei- und Geheimdienstkader angehörten, während Millionen arbeitslos wurden und eine Kriminalitätswelle gewaltigen Ausmaßes das soziale Chaos noch verschlimmerte.

Zudem zeichnete sich 1993 ein Verfassungskonflikt ab: Die Abgeordneten des Obersten Sowjets setzten Jelzin ab, dieser berief sich auf seine Legitimierung durch freie Wahlen. Der Konflikt gipfelte Anfang Oktober 1993 im Kampf um das Parlamentsgebäude, das Weiße Haus am Moskwa-Ufer. Jelzin, damals bereits schwer alkoholkrank, ließ sich von seinen Beratern zu einer Gewaltlösung überreden, obwohl man den Konflikt hätte gewaltfrei lösen können; es hätte wohl gereicht, dem Gebäude Strom und Wasser zu sperren. Doch stattdessen schossen Panzer das Weiße Haus in Brand.

Fast alle westlichen Korrespondenten beschrieben das Geschehen als Machtkampf zwischen demokratischen Reformern und rückwärtsgewandten Nationalkommunisten. Das war ein Irrtum. Gewonnen hatte eine dritte Kraft: die *Silowiki* (sila – Kraft, Stärke), die Männer an der Spitze von Armee, Geheimdienst und militärindustriellem Komplex. Durch den Einsatz der Panzer und Spezialeinheiten hatte sich Jelzin von ihnen abhängig gemacht, sie verlangten eine Belohnung: Immer mehr *Silowiki* verdrängten die Reformer aus den Schlüsselpositionen im Staatsapparat. In Belarus siegte dank ihrer massiven Unterstützung 1994 der frühere KGB-Mann Aleksandr Lukaschenko bei den Präsidentschaftswahlen; die von ihm mit Duldung Moskaus etablierte Diktatur kennzeichnen seither schwere Menschenrechtsverletzungen bis hin zur Ermordung von politischen Gegnern durch den Geheimdienst, der in Minsk weiterhin KGB heißt.

Die Abkehr des Kremls vom Demokratisierungsprogramm ging mit dem Ende einer außenpolitischen Linie einher, die den Kompromiss mit den anderen ehemaligen Sowjetrepubliken sowie den einstigen Satelliten im Ostblock suchte. Diesen Klimaumschwung bekamen die Repräsentanten von Firmen aus diesen Ländern zu spüren, sie sahen sich wehrlos permanenten Schikanen der korrupten Behörden ausgesetzt. Ihre Diplomaten hatten in Moskau nicht das Gewicht, um die Interessen ihrer Landsleute verteidigen zu können, im Gegenteil: Polen, Tschechen, Ungarn, Esten, Letten, Litauern und all den anderen wurde in Moskau immer wieder vorgeworfen, sie seien undankbar, weil sie sich nun dem Westen zuwandten, schließlich hätten die Russen sie vom Hitlerfaschismus befreit.

Wie in der Sowjetunion hatten auch in Russland die Autos von Ausländern anfangs auffällige gelbe Nummernschilder, jedes Land hatte eine eigene Kennziffer. Die Verkehrspolizei hielt Wagen aus den „treulosen Ländern" besonders häufig an und verhängte über die Fahrer wegen meist imaginärer Verstöße drastische Geldbußen, ebenso wie die Finanzämter bei kleinsten Fehlern in den Steuererklärungen. Diese unguten Erfahrungen führten dazu, dass die Investitionen aus den ehemaligen Ostblockländern in Russland drastisch zurückgingen; die meisten Firmen zogen sich vom russischen Markt zurück. Davon profitierten vor allem die Deutschen, die in Russland traditionell eher mit Respekt behandelt werden und außerdem in der Lage sind, die geforderten Schmiergelder zu zahlen.

Den Drang der Regierungen zwischen Tallinn und Budapest nach Westen verstärkte der Erste Tschetschenienkrieg 1994/95. Wie die Beschießung des Weißen Hauses war auch das ein vermeidbarer Gewaltexzess. Die tschetschenische Führung hatte zwar ihre staatliche Unabhängigkeit erklärt, Kern des Konflikts war indes die Forderung, der Region einen größeren Anteil an den Gewinnen aus der einheimischen Erdöl- und Gasförderung zu überlassen. Die Zugehörigkeit Tschetscheniens zum russischen Wirtschaftsraum wurde aber nicht in Frage gestellt, auch sollte die Region im russischen Luftabwehrsystem bleiben. Die Forderung nach Unabhängigkeit bezog sich also vor allem auf die Verteilung von Geldern, auf Fahnen und Uniformen, stellte aber keine ernsthafte politische Bedrohung für Russland dar.

Doch Verhandlungen verliefen ergebnislos. In Moskau fiel die Entscheidung, dass die russische Armee die tschetschenische Führung entweder vertreiben oder gefangen nehmen sollte. Der Konflikt weitete sich zu einem großen Krieg aus, bei dem die Russen nicht nur schwere Artillerie einsetzten, sondern auch die tschetschenische Hauptstadt Grosny bombardierten. Die Stadt am Nordrand des Kaukasus war europäisch geprägt, mehr als die Hälfte der Einwohner waren ethnische Russen. Tausende von ihnen starben im Artilleriefeuer und Bombenhagel, die der russische Präsident genehmigt hatte.

Öffnung der Nato nach Osten

Das Echo in den ehemaligen Sowjetrepubliken und Ostblockstaaten war für Moskau verheerend. Die russische Führung bestätigte alle Vorurteile, dass sie Nachbarschaftskonflikte nur mit roher Gewalt lösen kann – so wie es das Zarenreich und die Sowjetunion gehalten hatten. Wegen des Tschetschenienkrieges fühlten sich sämtliche Nachbarn wieder von Russland bedroht. Der Krieg im Kaukasus führte auch in den westlichen Hauptstädten dazu, dass erstmals die Führungen der baltischen Republiken, Polens, Tschechiens und Ungarns Gehör mit ihrem Anliegen fanden, ihre Länder in die Nato und die Europäische Gemeinschaft aufzunehmen.

Der Krieg bewirkte einen Meinungsumschwung bei Helmut Kohl, der bislang eine Nato-Erweiterung abgelehnt hatte, weil er darin eine Gefahr für die Position des nach wie vor als kooperationsbereit geltenden Jelzin sah. Kohl gelangte zu der Erkenntnis, dass das krisengeschüttelte Russland ganz Mittelosteuropa destabilisieren könnte, er sah auch seinen Traum von den Vereinigten Staaten Europas gefährdet. Von seiner Sicht der Dinge konnte er den neuen französischen Staatschef Jacques Chirac und vor allem US-Präsident Bill Clinton überzeugen. Vergeblich hatten das zuvor bereits die Präsidenten Polens und Tschechiens, Lech Wałęsa und Václav Havel versucht, sie hatten allerdings die schlechten Erfahrungen ihrer Völker mit den Deutschen angeführt.

Die russische Führung um Jelzin hat also selbst mit dem Ersten Tschetschenienkrieg die Weichen für die Osterweiterung der Nato gestellt, als defensives Projekt, das den ehemaligen Ostblockstaaten Schutz bieten soll. Ihr Nato-Beitritt entsprach auch dem Selbstbestimmungsrecht der souverän gewordenen ehemaligen Satelliten Moskaus. Doch gab es nie einen Plan der Nato, Russland einzukreisen.

Sowohl Kohl als auch Clinton bemühten sich bei ihren zahlreichen Treffen mit Jelzin, diesen davon zu überzeugen, dass die Nato keinerlei Bedrohung für Russland darstelle. Kohl, Chirac und Clinton wetteiferten darin, dem Kreml Angebote zur engen Zusammenarbeit zu machen. Sie waren sich einig darin, dass

Russland in die Sicherung der europäischen Friedensordnung einzubinden sei.

Zu den vertrauensbildenden Maßnahmen gehörte der Nato-Russland-Rat, er gab Moskau Einblick in die Planungen des westlichen Bündnisses. Es ist eine erst später unter Putin konstruierte Legende, dass bei den Verhandlungen über die deutsche Wiedervereinigung Gorbatschow versprochen worden sei, die Nato nicht über das Gebiet der ehemaligen DDR hinaus zu erweitern. Nach Berichten ehemaliger Mitarbeiter äußerte Gorbatschow damals sinngemäß gegenüber dem US-Präsidenten Bush senior: Vielleicht komme der Tag, an dem die Sowjetunion ebenfalls dem Bündnis beitrete. Zwar kritisierte Gorbatschow später wiederholt die Öffnung der Nato für ehemalige Mitglieder des Warschauer Pakts. Doch zum 25. Jahrestag des Mauerfalls 2014 bestätigte er, dass damals überhaupt nicht über das Thema gesprochen worden sei: „Als über die deutsche Wiedervereinigung verhandelt wurde, bestand der Warschauer Pakt noch. Es wäre damals als lächerlich empfunden worden, wenn die Frage aufgeworfen worden wäre, ob Mitglieder des Pakts eines Tages der Nato angehören sollten."

Jelzin hatte kurz nach seinem Einzug in den Kreml ebenfalls erklärt, er könne sich vorstellen, dass Russland eines Tages der Nato beitreten werde, damit eine Sicherheitszone von Vancouver bis Wladiwostok geschaffen werden könne. Auch war der Kreml auf Wirtschaftshilfe und vor allem auf Investitionen aus den westlichen Staaten angewiesen.

Kohl und Clinton vermieden sorgfältig, die wirtschaftliche Schwäche Russlands anzusprechen. Tabu waren ebenso Hinweise, dass die Sowjetunion den Kalten Krieg verloren hat. Beide waren gut darüber informiert, wie wichtig es für die russische Öffentlichkeit war, dass ihr Land weiter als die Weltpolitik mitbestimmende Großmacht behandelt wurde. Bei einer Pressekonferenz in der US-Botschaft in Moskau am Vorabend eines Staatsbesuchs Clintons fragte ein russischer Journalist: „Wird der US-Präsident nun Russland als Supermacht anerkennen?" Der Botschafter war verwundert über diese Frage, die indes sehr gut die Gemütslage wohl der meisten Russen widerspiegelte. Seine

Antwort: „Wenn man Supermacht ist, muss man niemanden um Anerkennung bitten!"

Clinton bemühte sich um einen freundschaftlichen Ton gegenüber Jelzin, beide demonstrierten stets bestes Einvernehmen, so dass die Presse von der „Bill & Boris-Show" schrieb. Legendär wurde auch der gemeinsame Saunabesuch von Jelzin und Kohl. Der Kremlchef rang sich dazu durch, das Engagement der Deutschen sowie der Schweden und Finnen zu akzeptieren, die drei baltischen Republiken an die westlichen Strukturen heranzuführen. Clinton trug seinen Teil dazu bei: Er bekräftigte, dass Washington nie die Annexion des Baltikums durch Stalin 1940 anerkannt hatte. Die dort lebenden ethnischen Russen nahmen diese Entwicklung ohne nennenswerten Widerstand hin. Dazu trug in nicht geringem Maße die Rubelkrise von 1998 bei, in der Millionen Russen wegen der galoppierenden Inflation zum zweiten Mal nach der Perestroika ihre Ersparnisse verloren, während in Estland, Lettland und Litauen die Durchschnittslöhne kräftig stiegen. Die Zugehörigkeit des Baltikums zur EU lag durchaus im Interesse der russischen Oligarchen: Einige von ihnen ließen dort von Strohmännern Banken gründen und bekamen auf diese Weise Zugang zum internationalen Finanzsystem.

Es war nicht die Integration des Baltikums in die westlichen Strukturen, die die große Entfremdung zwischen den Nato-Staaten und Russland auslöste, es war der Kosovo-Krieg, als 1998/99 Serben und Albaner sich gegenseitig massakrierten. Moskau war in dieser Zeit durch die Rubelkrise gelähmt, innerhalb von anderthalb Jahren wechselten sich fünf Premierminister an der Spitze der Regierung ab. Clinton versuchte, die russische Führung in seine Bemühungen um Vermittlung in dem Konflikt einzubinden. Doch Moskau, das sich als Anwalt der ebenfalls orthodoxen Serben sah, blockierte durch ein Veto den Vorschlag, eine UN-Friedenstruppe in die Region zu entsenden.

Nachrichten von Gräueltaten, die serbische Milizen verübten, veranlassten die westlichen Regierungschefs, militärisch einzugreifen. Die Bombardierung Belgrads sowie anderer Ziele durch die Nato führte in der Tat zum Ende der Kämpfe, doch handelte es um einen klaren Bruch des Völkerrechts. Zudem hatte das Weiße Haus den russischen Premier Jewgeni Primakow, einen altgedienten KGB-Mann, erst zwei Stunden vor dem ersten Bomberangriff davon unterrichtet. Primakow befand sich im Flugzeug über dem Atlantik auf dem Weg nach Washington, er wollte dort über den Kosovo-Konflikt verhandeln. Er ließ die Maschine umkehren, das Vorgehen der Clinton-Administration wurde in Moskau als gezielte Demütigung angesehen.

Primakow musste wenig später seinen Posten dem bislang der Öffentlichkeit unbekannten Wladimir Putin überlassen, der zuletzt den Geheimdienst FSB geleitet hatte. Zu Neujahr 2000 trat Putin die Nachfolge des vom exzessiven Medikamenten- und Alkoholkonsum schwer gezeichneten Jelzin an und nahm sich als erstes vor, die unruhige Region Tschetschenien wieder unter Kontrolle zu bringen. Angesichts der Zerstörungen im Ersten Tschetschenienkrieg 1994/95 hatten sich dort vor allem junge Männer radikalisiert, islamistische Racheprediger hatten starken Zulauf bekommen. Einheimische Clans mit Lösegeldforderungen für entführte Russen hatten in Moskau immer wieder Schlagzeilen gemacht. So fand Putin im Westen ein offenes Ohr, als er den Militäreinsatz als „Kampf gegen den Terrorismus" rechtfertigte. Nach dem Eingreifen der Nato im Kosovo-Konflikt blieb US-Präsident Clinton, Bundeskanzler Schröder und seinem Außenminister Joschka Fischer auch nichts anderes übrig, als dazu zu nicken; auch Egon Bahr verteidigte den Einsatz russischer Bomber. Wochenlang bombardierte die russische Luftwaffe wieder Ziele in der Region, wieder wurden Tausende Opfer der militärischen Auseinandersetzungen.

Im Westen verschloss man vor dem Vorgehen Putins auch deshalb die Augen, weil er sich gleich nach seiner Wahl vom Stalinismus distanziert und die gewaltsamen Interventionen der Sowjetarmee in Ost-Berlin 1953, in Budapest 1956 sowie in Prag 1968 verurteilt hatte. Er könne gut verstehen, warum man in den Nachbarvölkern Angst vor der Sowjetunion gehabt habe und heute vor Russland habe. Als er im Juni 2000 erstmals Bill Clinton traf, bezeichnete auch er es als vorstellbar, dass Russland eines Tages den Beitritt zur Nato beantragen werde.

Auch Clintons Nachfolger George W. Bush war von Putin zunächst sehr angetan. Nach dem ersten Treffen mit ihm erklärte er, er habe ihm in die Augen geschaut und seine reine Seele gesehen. Dass dieser an die prowestliche Linie der ersten Jelzin-Jahre anknüpfen würde, darauf setzte auch die rotgrüne Bundesregierung. Schröder fand rasch einen guten persönlichen Kontakt zu Putin, der seit seiner Zeit als KGB-Offizier in Dresden gut Deutsch spricht. Genau zwei Wochen nach dem Anschlag auf das World Trade Center am 11. September 2001 legte Putin in einer teilweise auf Deutsch gehaltenen Rede vor dem Bundestag seine Vorstellungen über die außenpolitische Rolle Russlands dar, zentraler Punkt: eine Sicherheitspartnerschaft „auf Augenhöhe", bei der die Interessen Russland gleichberechtigt mit denen der EU-Staaten und der USA behandelt würden.

Heute wird dieses Angebot zum Aufbau einer Sicherheitspartnerschaft, die den Verzicht auf die weitere Osterweiterung der Nato einschließen sollte, oft als verpasste Chance angesehen. Übersehen wird dabei, dass die Länder, die weiterhin in die Nato strebten – Bulgarien, Rumänien, Slowenien, die Slowakei, die drei baltischen Republiken –, nicht den Optimismus Bushs und Schröders teilten, was die Politik Putins anging. Im Gegenteil: Von Tallinn bis Sofia wurde genau verfolgt, dass Putin die Pressefreiheit massiv einschränken ließ, die ohnehin nur schwach ausgeprägte Unabhängigkeit der Justiz wieder aufhob und vor allem die russischen Streitkräfte überaus brutal in Tschetschenien vorgehen ließ.

Kriege im Orient und Kaukasus

Der Zweite Tschetschenienkrieg spielte also bei der zweiten Runde der Osterweiterung der Nato dieselbe Rolle wie der Erste bei der ersten Runde. Außerdem zeigte Putin nicht das geringste Interesse, die eingefrorenen Konflikte in Transnistrien sowie den georgischen Regionen Abchasien und Südossetien zu lösen, bei denen russisches Militär auf fremdem Territorium stationiert war – gegen den Willen der Regierungen in Chisinau und Tiflis. Deshalb setzte Bush durch, dass das Angebot an osteuropäische Staaten, der Nato beizutreten, aufrechterhalten blieb. Die amerikanischen Sicherheitspolitiker befremdete überdies, dass Putin die Kontakte zu den „Schurkenstaaten" ausbaute: zu Nordkorea, Irak und Iran.

Mit dem Angriff auf den Irak, den das Weiße Haus mit gefälschten Informationen begründete, hatte Bush für Putin eine rote Linie überschritten, auch spaltete er das westliche Lager. Denn nicht nur Jacques Chirac in Paris, sondern auch das Kabinett Schröder/Fischer verweigerte den Amerikanern vernünftigerweise die Gefolgschaft. Allerdings hatte die Bundeswehr sich zuvor unter dem irrsinnigen Motto „Die Freiheit der Deutschen wird auch am Hindukusch verteidigt" am Krieg der Amerikaner in Afghanistan beteiligt, der 2021 mit einem schmählichen Truppenabzug endete. Es war ein Desaster für die westliche Staatengemeinschaft.

Doch der schwerste Fehler des Weißen Hauses in der neueren Geschichte war der Irakkrieg von 2003, er destabilisierte den gesamten Nahen Osten. Bush stellte damit Putin bloß, der vergeblich vor der Invasion gewarnt hatte; der Irak hatte traditionell zu den Verbündeten Moskaus gezählt. Die bornierte Politik der Bush-Administration führte überdies zum Aufkommen der Terrororganisation Islamischer Staat. Zu den Spätfolgen gehört die Flüchtlingskrise, die seit 2015 in mehreren EU-Staaten nationalpopulistischen Parteien, außerdem in Großbritannien den Brexit-Befürwortern starken Rückenwind gab.

Angesichts der schweren Differenzen mit dem Brandstifter Bush setzte Schröder nun auf enge Zusammenarbeit mit Putin. Der Osthandel wuchs, da auch die Kaufkraft der russischen Unternehmen und Verbraucher dank der hohen Preise für Rohöl – auch dies eine Folge des Irakkriegs – stark gestiegen war. Putin gelang es, den Staatshaushalt zu sanieren. Dazu mussten auch die Oligarchen ihren Beitrag leisten, die in den Jahren des wilden Kapitalismus unter Jelzin Milliardenvermögen angehäuft hatten, weil sie sich Anteile am Rohstoffsektor und in der Schwerindustrie sowie Lizenzen für Banken, Medien und digitale Kommunikation gesichert hatten. Auch mussten die Oligarchen den Machtapparat Putins alimentieren, die Spitzen von Geheimdienst, Armee, Polizei und Justizapparat, die auf diese Weise ebenfalls private Reichtümer anhäuften. So wurde die „Vertikale der Macht" zu einem System, in dem der Präsident an der Spitze durch materielle Zuwendungen ebenso wie durch die permanente Drohung, diese wieder zu streichen, die gesamte Elite zu Loyalität zwingen konnte. Politologen sprechen vom „neuen Adel Russlands", der Lehen aus der Hand des Herrschers empfängt. Die führende Gruppe in diesem „neuen Adel" sind frühere KGB-Kader. Russische Oppositionelle, die wie Alexander Nawalny die Exzesse dieser Kleptokratie dokumentieren, sind schweren Repressalien ausgesetzt.

Da Putin sehr schnell den Justizapparat unter vollständige Kontrolle gebracht hatte, ließ er die Staatsanwaltschaft und Steuerbehörden gegen missliebige Unternehmer und Politiker vorgehen. Im Westen bekam er viel Lob dafür, da er vorgab, Steuergerechtigkeit herzustellen. Dass die Finanzämter so zum Kampfinstrument gegen Kritiker geworden waren, so wie der KGB zu Sowjetzeiten, wurde im Westen weitgehend übersehen.

Putins Regierung sorgte für Ordnung auf dem Arbeitsmarkt: Löhne und Renten wurden pünktlich ausgezahlt, die Arbeitslosigkeit ging spürbar zurück, ebenso die Kriminalitätsrate. Milliarden wurden in die Infrastruktur investiert. Putin gelang es, das Land zu stabilisieren, seine Popularitätsrate stieg weiter stark an. Dass Putin die Gewaltenteilung völlig aufgehoben hatte, überdies die Pressefreiheit stark einschränken ließ, darüber sah man in Berlin hinweg.

Schröder nannte ihn einen „lupenreinen Demokraten", ein bizarres Fehlurteil. Es war die traditionelle optimistische SPD-Sicht auf Moskau, die bereits Willy Brandt und Egon Bahr die Entwicklungen in der Sowjetunion missverstehen ließen, weil sie irrtümlicherweise glaubten, dass die KPdSU auch das Wohl der Arbeiterklasse im Sinne habe. Die rotgrüne Bundesregierung stand mit ihrer Putin-freundlichen Haltung allerdings, vom Italiener Silvio Berlusconi abgesehen, ziemlich allein da in der EU: Nicht nur die östlichen Nachbarn der Deutschen, sondern auch die Briten, die Franzosen und die Skandinavier schauten überaus skeptisch auf Moskau.

Putin selbst sprach von „gelenkter Demokratie". Nicht begriffen hat der Kremlchef allerdings, dass das Fehlen einer unabhängigen Justiz und einer freien Presse die idealen Voraussetzungen für Korruption schafft. Dass Gängelei durch korrupte Behörden überdies jegliche Innovation lähmt, mochte auch sein Duzfreund Schröder ihm nicht erklären. Der Mangel an Rechtssicherheit trieb zahlreiche mittelständige Investoren aus dem Land, darunter die letzten verbliebenen aus den früheren Ostblockländern. Ihre Regierungen versuchten, eine einheitliche Linie der EU bei der Förderung der Wirtschaftskontakte zu Russland durchzusetzen, fanden aber auch auf diesem Feld nicht die gewünschte Unterstützung aus Berlin. Keineswegs grundlos werfen sie den Deutschen wirtschaftspolitischen Egoismus vor.

Wie wenig Putin mit einem demokratischen Rechtsstaat im Sinn hatte, zeigten seine Reaktionen auf die „Farbrevolutionen", durch Massendemonstrationen erzwungene Regierungswechsel in drei ehemaligen Sowjetrepubliken: 2003 in Georgien, 2004 in der Ukraine, 2005 in Kirgisien. In den drei Ländern regierten korrupte Clans, die sich auf den aus Sowjetzeiten stammenden Staatsapparat stützten. Stiftungen aus den EU-Staaten und den USA unterstützten die Demokratiebewegungen in Georgien und in der Ukraine. Putin aber sah darin einen strategischen Plan, Russland einzukreisen und ihn letztlich von der Macht zu verdrängen.

Tatsächlich aber war der Hauptgrund für die „Farbrevolutionen" in der Westerfahrung zu suchen, die Hunderttausende junge Georgier und Ukrainer gemacht hatten: Sie wollten in einem Land leben, in dem die Verwaltung funktioniert, in dem nur dem Gesetz verpflichtete Richter Recht sprechen. Eine bessere Zukunft für ihre Gesellschaft sahen die Demonstranten in einer Annäherung an die demokratischen Staaten des Westens, nicht aber im korrupten System Putins mit seinen eingeschränkten Bürgerrechten. Abwegig ist daher die Version, die USA hätten über vom CIA finanzierte Gruppen in Tiflis und Kiew jeweils einen Putsch organisiert; schon allein die Euphorie, mit der Hunderttausende in beiden Ländern auf die Straßen gingen, widerlegt diese Verschwörungstheorie.

Vielmehr hoffte man in Washington ebenso wie in Brüssel, Paris und Berlin, dass Erfolge der neuen demokratischen Führungen positiv auf Russland abstrahlen würden. Es waren allerdings naive Hoffnungen. Die gereizten Reaktionen Putins auf Micheil Saakaschwili und Viktor Juschtschenko, die neuen Präsidenten Georgiens und der Ukraine, belegten, dass er in keiner Weise an Demokratisierung und Stabilisierung der Nachbarn interessiert war. Bush sagte 2006 seinen Mitarbeitern über Putin: „Er benimmt sich wie ein Zar, wir haben ihn verloren." Offenkundig aber hatte er selbst dazu erheblich beigetragen, weil das Weiße Haus durchweg darauf verzichtet hatte, Putin bei der Suche nach Lösungen internationaler Konflikte einzubinden.

Im folgenden Jahr schreckte Putin die internationale Öffentlichkeit auf. Auf der Münchner Sicherheitskonferenz unterstellte er in einer temperamentvollen Rede den USA, sie strebten zur „monopolaren Weltherrschaft" und überschritten dabei „ihre Grenzen in fast allen Bereichen". Er könne die Nato nur vor „ungezügelten Militäreinsätzen" warnen. Russland könne es nicht hinnehmen, dass Nato und EU anderen Ländern „ihren Willen aufzwingen und auf Gewalt setzen". Heftig kritisierte er die Nato-Osterweiterung, die dazu führe, dass deren militärische Infrastruktur „bis an Russlands Grenzen" reiche.

Doch die Bush-Administration ignorierte Putins Vorhaltungen. Im Februar 2008 erkannten die USA die Souveränität der serbischen Provinz Kosovo an, die EU-Staaten unterstützten diesen Kurs. Es war eine fundamentale Abkehr von der bisherigen Politik des Westens zur Regelung der Konflikte im ehemaligen Jugoslawien. Bisher hatte gegolten, dass die Verwaltungsgrenzen Jugoslawiens auch die Grenzen der neuen Staaten bleiben sollten, ungeachtet der ethnischen Struktur der Bevölkerung. So erzwang die Staatengemeinschaft mit militärischem Druck und Milliarden an Subventionen die Fortexistenz der Staaten Bosnien-Herzegowina und Montenegro, in denen sich zuvor die dort lebenden Völkerschaften blutig bekämpft hatten. Doch anstatt im Kosovo-Konflikt mit derselben Zuckerbrot-und-Peitsche-Taktik Serben und Albaner zum gedeihlichen Miteinander zu bringen, unterstützten die USA und die großen EU-Staaten die staatliche

Unabhängigkeit der von Mafiaclans und Warlords kontrollierten Vielvölkerregion, die aber weder politisch, noch wirtschaftlich ohne massive Subventionen lebensfähig war.

Hier hätten sich Angela Merkel und Bundesaußenminister Franz-Walter Steinmeier mit aller Kraft Bushs Plänen entgegenstemmen müssen, zumal die Regierungen Russlands, Chinas und Indiens wegen ihrer eigenen Probleme mit unruhigen Minderheiten, die eine Sezession anstreben, massiv gegen die Unabhängigkeit des Kosovo opponierten. Leicht hätte die Bundesregierung dafür auch die Franzosen, Spanier und Italiener gewinnen können, die selbst Probleme mit Sezessionsbestrebungen haben: Paris mit Korsika, Madrid mit den Basken und Katalanen, Rom mit der Lega Nord, einer Partei, die die staatliche Unabhängigkeit des reichen Norditaliens anstrebt.

In Moskau sieht man sich historisch den Serben verbunden, die Zaren hatten sie als Glaubensbrüder in ihren Kriegen gegen das osmanische Reich unterstützt. Auch hat der Kosovo für die Serben wegen der Schlacht gegen ein osmanisches Heer auf dem Amselfeld im 14. Jahrhundert mythische Bedeutung (die Amsel heißt in den südslawischen Sprachen *kos*). Nun mussten die Russen hinnehmen, dass die USA diesen Verbündeten durch die Abtrennung des Kosovo erniedrigten.

In Kiew und in Tiflis hingegen begriff man sofort, dass Putin die neue Lage nutzen würde, um Georgien sowie die Krim ins Visier zu nehmen. Ukrainische wie georgische Politiker waren zuvor ebenso bei den Amerikanern wie bei der Bundesregierung vorstellig geworden, um vor der Anerkennung des Kosovos zu warnen, da diese Putin den Anlass geben würde, die Sezession der georgischen Region Abchasien und Südossetien sowie der Krim durchzusetzen. Doch diese wohlbegründeten Warnungen wurden sowohl im State Department als auch im Auswärtigen Amt ignoriert.

Zwei Monate später, im April 2008, kam es auf dem Nato-Gipfel in Bukarest zur deutsch-amerikanischen Konfrontation: Bush wollte in seinem letzten Amtsjahr der Ukraine und Georgien den Weg in die Nato ebnen. In beiden Ländern hatten kleinere Kontingente der *US Army* an Manövern teilgenommen, in Georgien waren sie begeistert begrüßt worden, in der Ukraine hatten sie allerdings eine scharfe innenpolitische Kontroverse hervorgerufen. Obwohl die prowestliche Führung um Präsident Viktor Juschtschenko und Premierministerin Julia Timoschenko intensiv für die Mitgliedschaft ihres Landes in der Nato warb, gab es Umfragen zufolge in der Bevölkerung keine Mehrheit dafür.

Ungeachtet dieser angespannten Lage versuchte Bush, auf dem Nato-Gipfel einen Beschluss über die Aufnahme von Verhandlungen mit Kiew und Tiflis über den Nato-Beitritt durchzusetzen, sie in das MAP-Programm (*Membership Action Plan*) aufzunehmen. Angela Merkel und der neue französische Präsident Nicholas Sarkozy stellten sich dagegen. Man einigte sich schließlich auf eine Kompromissformel: Georgien und der Ukraine würden Verhandlungen über die Mitgliedschaft in der Nato „in Aussicht gestellt".

Putin interpretierte diese schwammige Formel auf seine Weise: Die Deutschen und die Franzosen akzeptieren, dass die Ukraine und Georgien zur russischen Einflusszone gehören. Hier hätte die Bundesregierung energisch klarstellen müssen, dass sie die Demokratisierung in beiden Staaten weiter unterstützt und auch von Putin einen konstruktiven Beitrag zu gutnachbarschaftlichen Beziehungen fordert. Doch das taten weder Merkel noch Steinmeier. Beide konnten sich offenkundig nicht auf eine klare Linie in der Ostpolitik einigen und sandten immer wieder widersprüchliche Signale aus.

Den auf dem Bukarester Gipfel offenbar gewordenen Konflikt unter den wichtigsten Nato-Staaten nutzte Putin: Vier Monate später ließ er seine Truppen in Georgien einmarschieren. In den Monaten zuvor hatten die von Moskau geführten Einheiten Südossetiens immer wieder georgische Dörfer beschossen. Die Aktionen waren offenkundig als Provokation für den georgischen Präsidenten Saakaschwili gedacht – und dieser ließ sich tatsächlich provozieren: Er ließ seine Armee gegen die – völkerrechtlich zwar zu seinem Staatsgebiet gehörende, aber faktisch von Moskau kontrollierte – Region Süd-Ossetien losschlagen. Im Auswärtigen Amt waren zuvor Berichte von deutschen Diplomaten und Geheimdienstlern eingegangen, nach denen sich Spannungen um die umstrittenen Regionen aufgebaut hatten, die jederzeit in einen militärischen Schlagabtausch münden könnten. Doch Steinmeier hielt dies für abwegig.

Es war eine gut kalkulierte Falle für Saakaschwili, der ein impulsiv reagierender Großsprecher ist: Er setzte seine Truppen in Marsch, ohne zu wissen, dass bestens vorbereitete russische Einheiten genau darauf warteten. Die Georgier erlitten eine demütigende Niederlage, die russischen Truppen rückten auf Tiflis vor und hinterließen auf ihrem Vormarsch eine Spur der Verwüstung. An der Schwarzmeerküste versenkten die Russen eine georgische Fregatte, die zuvor zum Bestand der Bundesmarine gehört hatte, obwohl dort überhaupt keine Kampfhandlungen stattfanden.

Der polnische Präsident Lech Kaczyński und sein ukrainischer Amtskollege Viktor Juschtschenko reisten gemeinsam mit Spitzenpolitikern aus den drei baltischen Republiken nach Tiflis, um den Georgiern ihre Solidarität zu bekunden. Jetzt erst wurden Merkel und auch Sarkozy aktiv, sie flogen ebenfalls nach Tiflis und brachten Putin so dazu, den Vormarsch seiner Truppen abzubrechen. Doch die Führungen in Tiflis und Kiew übten unverhohlen Kritik an Merkel und Sarkozy: Sie hätten auf dem Bukarester Nato-Gipfel klassische Appeasement-Politik gegenüber Putin betrieben und dadurch – ungewollt – der militärischen Auseinandersetzung im Kaukasus Vorschub geleistet.

Im Westen wurde heftig darüber gestritten, ob Bushs Versuch, Verhandlungen der beiden ehemaligen Sowjetrepubliken über einen Nato-Beitritt den Weg zu ebnen, oder aber die Blockade dieses Plans durch Deutsche und Franzosen Putin zur Intervention in Georgien ermuntert habe, nachdem Saakaschwili so töricht gewesen war, seine eigenen Streitkräfte gegen die Russen in Marsch zu setzen. Unterstützung fand Saakaschwili hingegen in den neuen EU-Staaten, allen voran Polen, wo er dafür gefeiert wurde, dass er sich dem Neoimperialismus Putins entgegengestellt habe.

Westler und Slawophile

Die deutschen Außenpolitiker waren von dem russisch-georgischen Krieg völlig überrascht worden. Einen Plan B für den Fall, dass Moskau auf militärische Konfrontation setzen werde, hatte das Auswärtige Amt unter Steinmeier nicht ausarbeiten lassen, obwohl viele Anzeichen seit langem darauf hingedeutet hatten. Nach dem kurzen Krieg im Kaukasus wurde in Moskau sehr genau registriert, dass Berlin und Paris sehr schnell wieder zur politischen Tagesordnung übergingen. Putin wurde somit das Gefühl vermittelt, dass seine militärischen Interventionen straflos bleiben.

Lange wollte man in Berlin nicht sehen, dass der aggressive Kurs Putins mit einer endgültigen Abkehr von den Werten der Aufklärung des Westens einherging, zu denen Demokratie und Selbstbestimmungsrecht der Völker gehören. Deutsche Diplomaten klagten in Hintergrundgesprächen, dass Steinmeier die Konstante der russischen Außenpolitik seit den Zeiten der Zaren nicht verstanden habe: Verhandelt wird nur aus einer Position der Stärke, Kompromisse werden vermieden; stattdessen werden Konflikte angeheizt, wenn eine für den Kreml vorteilhafte Lösung nicht kurzfristig durchzusetzen ist. Beispiele dafür sind die eingefrorenen Konflikte um Abchasien, Südossetien sowie Transnistrien.

Putin schrieb somit ein neues Kapitel in der großen politischen Debatte, die Russland seit drei Jahrhunderten prägt, seit den Reformen des Zaren Peter des Großen: der Gegensatz zwischen Westlern und Slawophilen. Da er Russland nicht „auf Augenhöhe" behandelt sah, kehrte Putin dem Westen den Rücken und machte sich das Gedankengut der Slawophilen zu eigen.

Allerdings fehlt ihm wohl die Einsicht, dass Russland nicht das politische und erst recht nicht das wirtschaftliche Gewicht hatte, um mit den USA konkurrieren zu können. Die russische Wirtschaftsleistung lag sogar bei Spitzenpreisen für Öl und Gas bei weniger als zehn Prozent von der der USA oder der EU. Im Westen wurde diskutiert, ob es nicht ein Fehler war, erst bei Jelzin und dann bei Putin durch protokollarische Ehren den Schmerz über den Verlust des sowjetrussischen Imperiums zu lindern, anstatt klarzustellen, dass Moskau den Kalten Krieg verloren hat und zwar aus eigenem Unvermögen: Die extrem kostspielige Hochrüstung hat die Innovationskraft der gut ausgebildeten sowjetischen Ingenieure gebunden, das militärische Ausgreifen nicht nur nach Osteuropa, sondern auch in die Dritte Welt bedeutete die Verschwendung einer enormen Wirtschaftsleistung.

Ebenso wenig konnte Putin sich vom imperialistischen Denken lösen, das die Politik aller Sowjetführer seit Stalin geprägt hatte. Hier ist der eigentliche Grund für die Entfremdung zwischen den Politikern der EU und Putin zu suchen. So ruft er nur Befremden hervor, wenn er die Sowjetunion als globale Ordnungsmacht preist und deren Auflösung als „größte geostrategische Katastrophe des 20. Jahrhunderts" beklagt. Auch die Eliten der früheren Sowjetrepubliken sehen dies völlig anders als Putin und sind darauf bedacht, ihre Unabhängigkeit gegenüber Moskau zu verteidigen.

Die kommunistische Lehre von der klassenlosen lichten Zukunft wurde durch die Botschaft von der besonderen Mission des russischen Volkes ersetzt, wie sie auch die russisch-orthodoxe Kirche verkündet. So wurden Patriarch und Metropoliten wichtige Verbündete Putins. Die zunehmende Glorifizierung der Sowjetära missfällt ihnen zwar, doch teilen sie mit ihm ein erzkonservatives Gesellschaftsbild. So sieht sich die orthodoxe Kirche als Bollwerk gegen den dekadenten Westen, den angeblich die Abkehr von der Religion ebenso prägen wie Abtreibung, Pornographie und Genderpolitik.

Die Ideologie der orthodoxen Kirche des Dritten Roms – Moskau als das endgültige Zentrum der Christenheit nach Rom und Konstantinopel –, die sich im Russland Putins mit der slawophilen Rechtfertigung des Imperialismus verbindet, blockiert eine kritische Auseinandersetzung mit dem russischen Kolonialismus. Doch genau deshalb haben die ehemals zum Zarenreich und dann zur Sowjetunion gehörenden Völker in Mittelasien, im Kaukasus und auch im Baltikum große Vorbehalte gegenüber Russland, was in Moskau überwiegend mit blankem Unverständnis aufgenommen wird.

Putin möchte „die besten Seiten" des Zarenreichs und der Sowjetunion miteinander verschmelzen. Deshalb tragen die russischen Offiziere auf ihren Uniformen den Doppeladler der Zaren und den roten Stern, der auch Kennzeichen der russischen Luftwaffe und Kriegsmarine geblieben ist. Die russische Armee wurde modernisiert, doch die grausame *Dedowschtschina*, die Knechtung von Wehrpflichtigen durch Längerdienende, die alljährlich Hunderte von Todesopfern fordert, prägt dort nach wie vor das Klima. Doch dem während des Ersten Tschetschenienkrieges entstandenen Verband der Soldatenmütter wurde mittlerweile gerichtlich untersagt, Materialien über die Torturen von Rekruten zu veröffentlichen.

Die negativen Seiten der Geschichte werden gründlich verdrängt: So wurde der von den Bolschewiken ermordete letzte Zar, der Russland in den Ruin und den Krieg geführt hat, heiliggesprochen, während sein Schreibtischmörder Lenin, der den „roten Terror" der Geheimpolizei Tscheka anordnete, weiter in seinem Mausoleum wenige Schritte von der Basiliuskathedrale entfernt ruht. Putin ließ eine Gedenktafel für den langjährigen KGB-Chef Juri Andropow, der an der Niederschlagung des Ungarnaufstandes 1956 sowie des Prager Frühlings 1968 beteiligt war, an der Geheimdienstzentrale Lubjanka anbringen. Der Generalstaatsanwalt der UdSSR, Roman Rudenko, der im Zusammenspiel mit Andropow Dissidenten brutal verfolgen ließ, wurde durch eine Briefmarke der russischen Post geehrt.

Gleichzeitig nimmt Putin für sich in Anspruch, die Interessen der ethnischen Russen, die keine russischen Staatsbürger sind, zu vertreten – auch wenn er gar nicht darum gebeten wird, wie etwa im Baltikum, wo die allermeisten der dort lebenden Russen überaus zufrieden sind, dass sie nun EU-Bürger sind, mit Rechtssicherheit und überdies deutlich höherem Einkommen als die große Mehrheit in Russland.

Wie wichtig ihm die Anerkennung Russlands als Supermacht mit imperialen Ambitionen ist, zeigte Putins Reaktion auf die arrogante, dumme Bemerkung von US-Präsident Barack Obama, Russland sei eine „Regionalmacht, die einige ihrer Nachbarn bedroht". Das Verhalten Moskaus sei das Resultat „nicht von Stärke, sondern von Schwäche". Putin ließ nun wieder, wie dies die sowjetischen Generalsekretäre getan hatten, bei Paraden Kampfpanzer und Raketen über den Roten Platz fahren. Stolz verkündete er, die neue Hyperschallrakete sei von keinem Gegner aufzuhalten. Die nach der Krim-Annexion vorgestellte Militärdoktrin der Russischen Föderation bezeichnet die Nato als „allererste Bedrohung". Wobei keine Regierung eines Nato-Staates einen militärischen Angriff auf Russland anstrebt, in den demokratischen Staaten des Westens wäre dies politisch überhaupt nicht durchzusetzen.

Vor allem aber gab Putin den Befehl, militärisch massiv in den syrischen Bürgerkrieg einzugreifen, auf der Seite des Diktators Baschar al-Assad, dessen Vater bereits Schützling Moskaus gewesen war. Doch warnen sogar russische Wirtschaftsexperten den Kreml davor, die Fehler Breschnews zu wiederholen, dessen militärische Abenteuer in der Dritten Welt die sowjetische Wirtschaft überfordert hatten. Der Rüstungshaushalt Moskaus ist in den letzten Jahren kontinuierlich gewachsen. Nominell ist er zwar viel kleiner als der US-amerikanische, doch täuschen diese Zahlen: In den USA, in der Privatunternehmen Rüstungsprojekte realisieren, schlagen sehr hohe Personalkosten zu Buche, während solche Projekte in Russland mit seinen niedrigen Löhnen in staatlicher Hand sind. In Wirklichkeit ist, wie zu Sowjetzeiten, der Anteil der Militärausgaben an der gesamten Wirtschaftsleistung um ein Vielfaches höher als in den USA. Die neuerliche Hochrüstung bindet außerdem zu viel intellektuelle Kapazität, die bei der Modernisierung des Landes sinnvoller zum Zuge käme. Es ist eine Verschwendung geistiger Ressourcen – für die Idee aus dem imperialen Zeitalter, dass ein Staat nur groß sei, wenn er fremde Gebiete und Völker militärisch beherrscht.

In den mit Waffengewalt von Georgien abgespaltenen Regionen Abchasien und Südossetien sind zwar Regierungen von Moskaus Gnaden installiert, doch wegen des ungeklärten völkerrechtlichen Status investieren dort nicht einmal russische Unternehmen. In beiden Regionen verfällt die Infrastruktur, die Bevölkerung ist verarmt – es sind abschreckende Beispiele für die russische Nachbarschaftspolitik.

Als Gegengewicht zur EU schwebt Putin eine Eurasische Wirtschaftsgemeinschaft vor. Doch begeistern konnte er dafür nur den früheren KGB-Mann Lukaschenko in Minsk, der 2020 Massenproteste gegen die offenkundige Fälschung seiner Wiederwahl niederschlagen ließ. In den ehemaligen Sowjetrepubliken im Kaukasus und in Mittelasien aber wird Putins Konzept als Neuauflage des russischen Imperialismus angesehen. So kamen bislang nur Verträge über eine zollfreie Zone zustande, doch die kulturell-politische Integration, die Putin offenkundig anstrebt, wird nach Kräften blockiert. Zwar bat die autoritäre Führung Kasachstans Anfang 2022 um Unterstützung des von Moskau geführten Militärbündnisses mehrerer ehemaliger Sowjetrepubliken, OVKS, doch die Stationierung eines größeren russischen Kontingents lehnte sie strikt ab. Auch scheiterten Putins Versuche, das Russische als Lingua Franca im postsowjetischen Raum zu zementieren: Kasachstan führte, wie die anderen islamisch geprägten Republiken Aserbeidschan, Turkmenistan und Usbekistan wieder das lateinische Alphabet ein. Hinzu kommt, dass in Mittelasien China und das Nato-Mitglied Türkei zunehmend an Einfluss gewinnen.

Der theatralisch herausgestellte Nationalstolz Putins weckt bei den Nachbarn durchweg negative Emotionen. Dass russische Offizielle mit Hilfe des Geheimdienstes massiv bei den Olympischen Winterspielen in Sotschi 2014 Dopingproben manipuliert und so einheimischen Sportlern zu einer Reihe von Medaillen verholfen haben, hat auch in den ehemaligen Sowjetrepubliken für Empörung gesorgt.

Ganz offensichtlich sind Putins Versuche gescheitert, das Land auf allen Ebenen zu modernisieren. Der zivilisatorische Abstand der beiden Metropolen Moskau und St. Petersburg zu anderen Großstädten hat sich weiter vergrößert, ebenso wie die Kluft zwischen Stadt und Land. Russland leidet unter Landflucht sowie einer Binnenmigration von Sibirien und den Polarregionen in den europäischen Teil des Landes. Überdies hat die Covid-Pandemie aufgezeigt, wie sehr unter Putin das staatliche Gesundheitssystem vernachlässigt wurde. Unter dem Vorwand, Ansteckungswege nachverfolgen zu können, wurde das Überwachungssystem ausgebaut; allein im Stadtgebiet in Moskau gab es nach offiziellen Angaben 2020 rund 180.000 Kameras, von denen ein Großteil für die Gesichtserkennung ausgelegt ist.

Ebenso wenig ist es Putin gelungen, den *Brain Drain* zu stoppen, die Abwanderung hochqualifizierter Experten in den Westen. Gleichzeitig sind russische Universitäten unattraktiv für Studenten aus den ehemaligen Sowjetrepubliken geworden; die besten von ihnen zieht es in die USA, nach Kanada, Großbritannien oder Deutschland. Russland investiert nur ein Prozent seines Bruttoinlandsprodukts in die Forschung, in Deutschland sind es drei, in Südkorea sogar vier Prozent.

Vor allem ist die Industrie international nicht konkurrenzfähig. Außer Panzern, Raketensystemen und Kampfflugzeugen hat Russland keinerlei Produkte der Hochtechnologie anzubieten, und selbst die Rüstungsgüter kommen nicht ohne importierte Steuersysteme aus. Prototypen von Verkehrsflugzeugen, die Boeing und Airbus Marktanteile abnehmen sollten, sind spektakulär abgestürzt, ausgerechnet bei Vorführungen für ausländische Interessenten. Ein in Russland entwickeltes Handy hat keine Chance gegen die westlichen und asiatischen Anbieter, ganz abgesehen davon, dass die zentralen Bauteile von eben dieser Konkurrenz stammen. Für die mit viel Pomp vorgestellte Staatskarosse Aurus liefert Porsche den Motor und Bosch die Elektronik. Die Arbeitsproduktivität in Russland erreicht nur ein Drittel des deutschen Wertes.

Da Russland in der Wirtschaftskraft nicht mit den USA und der EU mithalten kann, konzentriert Putin sich ganz offensichtlich darauf, bei den Konkurrenten für Chaos zu sorgen. So haben russische Internettrolle bei den Präsidentenwahlen in den USA 2016 Donald Trump unterstützt. In Deutschland und Österreich, in Frankreich und Italien können sich Nationalpopulisten, die die EU sprengen wollen, auf den Kreml stützen. Russische Einflussagenten und Trolle haben ihren Teil dazu beigetragen, die Brexit-Befürworter zu stärken und den Katalonien-Konflikt in Spanien zu verschärfen. In Polen unterstützen sie kleine, aber einflussreiche Gruppen von Fundamentalkatholiken, weil diese nicht wenig zur Spaltung der Gesellschaft beitragen. Ebenso waren und sind die Russen aktiv, die Nachfolgestaaten Jugoslawiens zu destabilisieren. Den russischen Geheimdiensten werden überdies Mordanschläge auf Kremlkritiker in mehreren westlichen Ländern unterstellt. Auch die Vergiftung des Regimekritikers Alexander Nawalnys 2020, dem in der Berliner Charité das Leben gerettet wurde, geht auf ihr Konto.

Putins Russland knüpft an die polizeistaatlichen Strukturen des Sowjetregimes an. Meinungs-, Versammlungs- und Vereinigungsfreiheit sind stark eingeschränkt. Die Menschenrechtsorganisation *Memorial*, die Verbrechen des Sowjetregimes aufarbeitet, musste sich erst als „ausländischer Agent" registrieren lassen, weil sie Spenden aus dem Ausland bekam, dann wurde sie aufgelöst. Michail Gorbatschow, der Putin noch für den Einmarsch in Georgien sowie die Annexion der Krim gelobt hatte, warf ihm inzwischen „Imitation von Demokratie" vor. Die heutige Führungsschicht Russlands strebe vor allem die „Sicherung des eigenen Wohlstandes" an. Gorbatschow ist jetzt Aktionär der kremlkritischen *Nowaja Gaseta*, die nur in Kleinstauflage erscheinen darf. Deren langjähriger Chefredakteur Dmitri Muratow erhielt wegen seines Einsatz für die Demokratisierung Russlands zum Ärger des Kremls 2021 den Friedensnobelpreis.

Putins autoritärer und antiwestlicher Kurs, sein machohafter Stil, seine Homophobie und Fremdenfeindlichkeit machen ihn zum Vorbild für rechtsextreme Gruppierungen in den EU-Ländern. Sie verehren ihn als Führer einer europäischen Rechten, der in ihren Augen die abendländische Kultur gegen den sittenlosen Liberalismus, die dekadente Genderpolitik und vor allem gegen den kämpferischen Islamismus verteidigt. Dass er mit diesem Konzept in Deutschland so viel Zuspruch in der Partei „Die Linke" und bei manchen Altsozialdemokraten gefunden hat, gehört zu den kuriosen Fußnoten unserer Zeit.

Nach der deutschen Wiedervereinigung am 3. Oktober 1990, der Auflösung des Warschauer Paktes am 1. Juli 1991 und dem Zerfall der Sowjetunion am 21. Dezember 1991 richteten die jungen Demokratien in Ostmitteleuropa ihre Außenpolitik nach Westen aus. Die Staaten der Europäischen Gemeinschaft, an erster Stelle die Bundesrepublik, leisteten Hilfe beim Aufbau neuer staatlicher, wirtschaftlicher und zivilgesellschaftlicher Strukturen. Nach und nach wurden die ehemaligen Ostblockländer in die EU integriert. Doch drei Jahrzehnte nach dem Ende des Sowjetblocks regieren in fast allen Hauptstädten dieser Region nationalpopulistische Gruppierungen, die zunehmend auf Konfrontationskurs zu Brüssel gegangen sind. Die Polen, Ungarn, Slowaken, Slowenen, Rumänen und einige andere haben sich also aus deutscher Sicht als überaus undankbar erwiesen: Geld von der EU fordern, aber nicht deren Spielregeln respektieren! Allerdings gehören zu den Ursachen dieser Entwicklung schwere strategische Fehler, die die beiden großen deutschen Volksparteien CDU und SPD begangen haben.

Die Fehleinschätzungen begannen damit, dass die Parteizentralen in Bonn ebenso wie die großen Redaktionen in den Medienstädten Hamburg und München das bundesdeutsche Rechts-Links-Raster auf die politischen Gruppierungen in den ehemaligen Ostblock-Staaten übertrugen. Doch war dies ein Missverständnis. So gaben sich in mehreren Ländern Parteien das Etikett „rechts", um zu unterstreichen, dass sie für eine Marktwirtschaft eintreten, im Gegensatz zur „linken" Planwirtschaft. Dagegen ist der Begriff im deutschen Sprachgebrauch eindeutig negativ intoniert und unterstellt oft eine Nähe zur nationalsozialistischen Ideologie.

Übersehen wird dabei, dass seit der Endzeit des „real existierenden Sozialismus" junge Polen, Tschechen, Slowaken, Ungarn auf „rechte" Ideen setzen, weil sie das „linke Establishment", nämlich die Parteifunktionäre, ablehnten. Es war eine Entwicklung spiegelbildlich zu den 68ern im Westen, die Marx und Mao verehrten. So war in den Volksrepubliken Polen und Ungarn die Teilnahme an der Sonntagsmesse auch ein politisches Zeichen gegen das etablierte Regime, während in den Augen der jungen rebellischen Generation im Westen die Kirche stets als Verbündete der Herrscher galt. In der Volksrepublik Polen aber bot die katholische Kirche den für Demokratie streitenden Dissidenten einen Schutzraum. Adam Michnik, einer der Vordenker der Demokratiebewegung, propagierte ein Zusammengehen der linken kirchenfernen Intellektuellen mit den konservativen Katholiken, weil beide Gruppen das repressive Parteiregime überwinden wollten.

Wie in der Sowjetischen Besatzungszone, der späteren DDR, waren auch in Polen, der Tschechoslowakei, Ungarn, Rumänien und Bulgarien in den Nachkriegsjahren die Sozialdemokraten mit den moskautreuen Kommunisten zwangsvereinigt worden. Politiker, die dagegen opponierten, wurden inhaftiert oder gar ermordet. In den Westen geflohene Sozialdemokraten aus den Ostblockländern gründeten Exilorganisationen, zunächst wurden sie vom „Ostbüro" der SPD unterstützt. Doch mit der Entspannungspolitik ignorierte die SPD-Führung um Willy Brandt die Exilanten und auch die links eingestellten Dissidenten. So hoffte Jan Józef Lipski vergeblich auf die Unterstützung durch die deutschen Sozialdemokraten, als er in den düsteren achtziger Jahren in der Volksrepublik Polen die traditionsreiche Sozialistische Partei neu im Untergrund gründete.

Es war die Zeit, als die SPD-Opposition in Bonn versuchte, die Entspannungspolitik wiederzubeleben. Ausgehend von dem Konzept des „Wandels durch Annäherung" erarbeiteten Mitglieder der SPD-Grundwertekommission, geleitet von Erhard Eppler, sowie Experten des SED-Zentralkomitees das Grundsatzpapier „Der Streit der Ideologien und die gemeinsame Sicherheit". Beide deutsche Staaten verpflichteten sich darin zur „friedlichen Koexistenz". Eppler ging dabei von zwei Prämissen aus, die allerdings nicht der Realität entsprachen: Zum einen, dass die SED auch eine linke Partei sei, die die Interessen der Arbeitnehmer vertritt, zum anderen, dass sie reformfähig sei. Als die Politologin Gesine Schwan vor dem totalitären Charakter der Parteiregime warnte, wurde sie aus der SPD-Grundwertekommission ausgeschlossen.

Der aus der Sowjetunion ausgebürgerte russische Schriftsteller Lew Kopelew nannte es eine Illusion der westdeutschen Linken, dass die SED oder gar die KPdSU eines Tages ihre Länder demokratisieren könnten; beide Parteien seien darauf angelegt, mit Hilfe eines mächtigen Repressionsapparates die Privilegien der Funktionärselite, der Nomenklatura, zu verteidigen. Doch fand Kopelew bei den SPD-Größen, beginnend mit Willy Brandt, kein Gehör. In gleicher Weise wurden die – nur im Westen publizierten – Analysen Jan Józef Lipskis ignoriert, nach denen die KPdSU für ausbeuterischen Staatskapitalismus und sowjetrussischen Imperialismus stand.

Die Debatte hält bis in die Gegenwart an; einen kräftigen Akzent setzte dabei auch Halina Wawzyniak, die frühere stellvertretende Vorsitzende der Partei „Die Linke". Zum großen Verdruss vieler Parteigenossen erklärte sie: „Die SED war im Kern eine rechte Partei." Als Haupteigenschaften der SED nannte sie: „Autoritär, nationenbezogen, ausgrenzend von allem, was nicht ‚normal' war." Auch Stalin, Mao, Ho Chi Minh seien keine Linken gewesen.

Schon vor der Wende von 1989 hatten Autoren der polnischen, tschechischen und russischen Untergrundpresse die Frage gestellt, warum viele links orientierte Intellektuelle in Westeuropa nicht erkennen wollten, dass die Kremlchefs Breschnew und Andropow, die als angebliche Hüter des Sozialismus Andersdenkende in den Gulag deportieren oder in psychiatrischen Kliniken einsperren ließen, nicht nur eine imperialistische Außenpolitik betrieben, sondern auch mit Grundwerten der Linken nichts gemein hatten. Das Gleiche gelte für die Führer der Satelliten Moskaus, darunter der polnische Partei-, Regierungs-, Armee- und letztlich Staatschef Wojciech Jaruzelski, der Kriegsrechtsgeneral, der die demokratische Opposition verfolgen und links orientierte Dissidenten wie Adam Michnik inhaftieren ließ.

Michnik war neben dem Historiker Bronisław Geremek der bekannteste intellektuelle Kopf des linken Flügels der Solidarność.

Doch schon bald nach der Wahl des liberalen Katholiken Tadeusz Mazowiecki zum polnischen Premier in der Folge der ersten teilweise freien Wahlen im Ostblock vom 4. Juni 1989 zerfiel das Bürgerkomitee Solidarność, das sich um die Gewerkschaft gebildet und viele Intellektuelle angezogen hatte. Grund dafür war ein Streit, wie mit dem politischen Erbe des Parteiregimes umzugehen sei. Während der Bundestag mit der Gauck-Behörde ein Instrument dafür schuf und das tschechoslowakische Parlament bald nach der Wende ein Lustrationsgesetz beschloss, verkündete Mazowiecki die Losung vom „dicken Schlussstrich": Parteigänger und Gegner des untergegangenen KP-Regimes sollten sich versöhnen. Dies war einerseits eine politische Notwendigkeit, denn Mazowiecki führte ja zunächst eine Koalitionsregierung, in der Kommunisten nach wie vor das Verteidigungs- und das Innenministerium führten, also Armee, Geheimdienste und Polizei kontrollierten. Auch standen noch rund 300.000 Soldaten der Sowjetarmee im Lande. Mit seiner christlichen Weltsicht hoffte Mazowiecki andererseits, der Akt des Verzeihens werde eine demokratische Läuterung bei den ehemaligen Parteifunktionären bewirken.

Der damals als Volkstribun verehrte Lech Wałęsa, der Chef der Solidarność geblieben war, teilte diesen Optimismus nicht. Er forderte vorgezogene Präsidenten- und Parlamentswahlen, mit gutem Grund: Jaruzelski war nicht demokratisch legitimiert an die Spitze des Staates gelangt, und nur ein Drittel der Sejm-Mandate war 1989 aus freien Wahlen hervorgegangen. In der Auseinandersetzung, die die polnische Presse „Krieg an der Spitze" nannte, bezog der linke Flügel der Solidarność allerdings Position gegen Wałęsa. Michnik, mittlerweile Chefredakteur der *Gazeta Wyborcza*, die zur größten Zeitung in diesem Teil Europas wurde, warnte in kämpferischen Ton: Wałęsas Führungsstil sei autoritär, er sei unfähig zur Teamarbeit, überdies ein Nationalkatholik unter dem Einfluss des „schwarzen Klerus".

Mit dem ersten Punkt hatte Michnik zweifellos recht, beim zweiten aber irrte er sich grundlegend: Als Wałęsa Ende 1990 zum Präsidenten gewählt wurde, bestand er auf einer grundsätzlichen Trennung von Kirche und Staat, so wie dies in den westlichen Demokratien üblich ist. Auch berief er den liberalen Wirtschaftsfachmann Jan Krzysztof Bielecki, der seine Distanz zur Kirche nicht verhehlte, an die Spitze der Regierung. Jarosław Kaczyński wurde Chef der Präsidialkanzlei, sein Zwillingsbruder Lech übernahm als Staatssekretär die Aufsicht über den Nationalen Sicherheitsrat. Beide hatten damals mit nationalkatholischen Eiferern nichts im Sinn. Von Jarosław Kaczyński stammt aus dieser Zeit der Satz, wer die Kommunisten zurück an die Macht bringen wolle, der müsse die Nationalkatholiken und den Klerus regieren lassen.

Westschwenk der Genossen

In diesen unruhigen ersten Jahren nach der großen Wende suchten die im Bundestag vertretenen Parteien Partner in den früheren Ostblockstaaten. Im Falle Polens hatten in der SPD die Befürworter einer Allianz mit dem vormals linken Flügel des Bürgerkomitees Solidarność um Geremek und Michnik keine Chance, obwohl das programmatisch sehr gut gepasst hätte. SPD-Chef Hans-Jochen Vogel traf stattdessen in Warschau Spitzenfunktionäre der Postkommunisten, die sich nun Sozialdemokraten nannten. Doch als er nach mehrtägigen Gesprächen zurückkam, erklärte er, wie Mitarbeiter berichteten, kurz und knapp: „Mit denen können wir das nicht machen!" Offenkundig hatte er den Eindruck gewonnen, dass es sich um eine Nomenklatura-Partei handelte, deren führende Köpfe vor allem ihre Pfründe sichern wollten.

Während die Parteien, die aus dem rechten Solidarność-Flügel hervorgegangen waren, im Parlament für den Gottesbezug in der künftigen Verfassung, für Kreuze in öffentlichen Gebäuden und die Krone auf dem weißen Adler im Staatswappen stritten, besetzten die Postkommunisten Schlüsselpositionen in den Privatisierungsausschüssen.

Mittlerweile hatten sich in der Sozialistischen Internationale, an deren Spitze noch Willy Brandt stand, die Stimmen durchgesetzt, die die postkommunistischen Parteien als Partner sahen. Es wurde an den gemeinsamen Kampf von Sozialdemokraten,

Sozialisten und Kommunisten gegen Nationalsozialismus und Faschismus erinnert; verdrängt wurde, dass die stalinistischen Regime ebenso wie die KPD der Weimarer Republik die Sozialdemokraten blutig bekämpft hatten.

In der SPD fand man sehr schnell eine gemeinsame Sprache mit dem jungen Vorsitzenden der polnischen Sozialdemokraten, Aleksander Kwaśniewski, auch im wörtlichen Sinne, denn dieser spricht ausgezeichnet Deutsch. Kwaśniewski war unter Jaruzelski Jugend- und Sportminister gewesen, er gehörte zu den jungen wendigen Karrieristen in der Partei, die sich nie mit Ideologie und Programmatik belastet hatten. Die Runde machte der Kwaśniewski zugeschriebene Satz, dass er es vorziehe, im Mercedes am Haupteingang des Bundeskanzleramtes oder des Elysée-Palastes vorzufahren anstatt im Wolga beim Nebeneingang des Kremls.

Unter seiner Führung unternahmen die polnischen Sozialdemokraten folgerichtig nur geringe Anstrengungen, sich ein programmatisches Profil zu geben, geschweige denn, die eigene Vergangenheit als repressive Staatspartei aufzuarbeiten – und wurden von ihren westeuropäischen Förderern auch kaum dazu angehalten. Da Kwaśniewski einen Westschwenk unter den früher Moskau-hörigen Genossen durchsetzte, sah man in der Sozialistischen Internationale dazu wenig Grund, was sich als kardinaler Fehler erweisen sollte.

Der Zerfall der Demokratiebewegung um die Gewerkschaft Solidarność führte schon 1993 zur Rückkehr der Postkommunisten an die Macht. Ganze drei Jahre waren sie in der Opposition gewesen. Im Wahlkampf war es ihnen gelungen, die vom liberalen Finanzminister Leszek Balcerowicz durchgesetzte Schocktherapie in Misskredit zu bringen; sie hatte zur Schließung zahlreicher Betriebe geführt, die unter den Bedingungen der Marktwirtschaft nicht konkurrenzfähig waren, und somit zu Massenentlassungen sowie zur Verarmung weiter Bevölkerungskreise. Es zeigte sich erst nach mehreren Jahren, dass der Balcerowicz-Plan doch gut funktioniert hat: Die Durchschnittseinkommen vervielfachten sich, die Arbeitslosigkeit sank rapide.

Entgegen allen Befürchtungen setzten die polnischen Postkommunisten den Kurs der Westintegration fort und erklärten die Mitgliedschaft in Nato sowie Europäischer Gemeinschaft zum strategischen Ziel. Einige ihrer Spitzenleute suchten auch den Ausgleich mit der katholischen Kirche: Nachdem der frühere Parteifunktionär Józef Oleksy 1995 vom Sejm zum Ministerpräsidenten gewählt worden war, fuhr er zum Wallfahrtsort Tschenstochau und legte sich vor der Ikone der Schwarzen Madonna, dem polnischen Nationalheiligtum, mit ausgebreiteten Armen auf den Boden. Die Kirchenpresse geißelte diese Geste indes als Akt purer Heuchelei, die liberalen Zeitungen sparten nicht mit Spott. Oleksy musste nach elf Monaten zurücktreten, ihm wurde vorgeworfen, unter dem Pseudonym „Olin" Informant der Geheimdienste Moskaus gewesen zu sein.

Ebenfalls 1995 gewann Kwaśniewski überraschend die Präsidentenwahlen gegen den Amtsinhaber Wałesa. Der war zunehmend dem Palastsyndrom erlegen, er war beratungsresistent, hatte sich mit Jasagern umgeben, sich mit fast allen seiner früheren Mitstreiter, darunter Michnik und Mazowiecki, heillos zerstritten und überdies mit einer Reihe peinlicher öffentlicher Auftritte bei vielen seiner Landsleute den Eindruck erweckt, er sei dem Präsidentenamt nicht gewachsen und blamiere Polen im Ausland. Sein gerade erst 41 Jahre alter Herausforderer Kwaśniewski dagegen konnte sich als moderner Politiker darstellen, der wieder für soziale Gerechtigkeit sorgen würde.

Der neue Präsident und sein Stab fühlten sich nach ihrem Sieg so sicher, dass sie auch Gefolgsleute, die früher für den Repressionsapparat gearbeitet hatten, in wichtige Positionen aufrücken ließen. Ein früherer ZK-Sprecher, der für seine Lügen und Manipulationen bekannt war, wurde Minister. Ein General, der unter dem Kriegsrecht Streiks hatte niederschlagen lassen, wurde Generalstabschef. Der Anführer eines Rollkommandos gegen die „Untergrund-Universität" der Demokratiebewegung wurde Generaldirektor eines Staatskonzerns. Ein Provinzstaatsanwalt, der Beweismaterial in einem Prozess gegen Dissidenten gefälscht hatte, stieg an die Spitze einer regionalen Justizbehörde auf. Auf allen Verwaltungsebenen und in allen staatlichen Institutionen kehrten ehemalige Parteikader zurück und verdrängten die Solidarność-Aktivisten, die nach der Wende dorthin gekommen waren. Mit der Reaktivierung diskreditierter Genossen trug Kwaśniewski erheblich zur weiteren Spaltung der polnischen Gesellschaft bei.

In der Wirtschaftspolitik setzten die Postkommunisten, von geringfügigen Korrekturen abgesehen, weiterhin den neoliberalen Balcerowicz-Plan um, obwohl sie im Wahlkampf das Gegenteil angekündigt hatten. Bei der Privatisierung von Staatsbetrieben und der Vergabe von Lizenzen berücksichtigten sie allerdings vor allem eigene Genossen. Frühere Parteifunktionäre und Geheimdienstler wurden Generaldirektoren, Aufsichtsratsvorsitzende oder gar Inhaber großer Aktienpakete.

Wendehälse und Wendegewinnler

Dass vor allem bei den Medien und in der Telekommunikation auch deutsche Konzerne zum Zuge kamen, prangerte die polnische Rechte bald als großes Gegengeschäft an: Den Deutschen sei eine wichtige Position auf polnischen Wachstumsmärkten als Dank dafür eingeräumt worden, dass sie die Postkommunisten in die internationale Politik zurückgeholt hätten. Diese hätten sich früher bereitwillig Moskau unterworfen, heute beugten sie sich dem deutschen Diktat. Hinzu kam, dass manche Vertreter deutscher Konzerne und Institutionen „hochmütig wie Kolonialherren" auftraten, wie Warschauer Kommentatoren empört vermerkten; es war nicht anders als in den neuen Bundesländern, wo das Verhalten vieler Westdeutscher ebenfalls die Einheimischen frustrierte und verärgerte. Heute begründet Jarosław Kaczyński mit den damaligen Entwicklungen den Druck der polnischen Regierung auf die Ableger deutscher Medienkonzerne.

Die Postkommunisten wurden so zu den eigentlichen Gewinnern des Umbruchs zur Marktwirtschaft. Viele ihrer Spitzenleute stellten ungeniert ihren neuen Reichtum zur Schau. So entwickelten sich in den neunziger Jahren in Polen, wenn auch nicht so ausgeprägt wie in anderen osteuropäischen Staaten, Strukturen einer hochgradig korrupten Oligarchen-Demokratie mit einer Verquickung von Politik, Wirtschaft und Geheimdiensten. Die westeuropäischen Sozialdemokraten aber nahmen diese Entwicklungen in Polen hin, so wie sie dies auch in der Slowakei, in Ungarn, Rumänien, Bulgarien taten. In diesen und anderen ehemaligen Ostblockstaaten hatten Postkommunisten im Zeichen der roten Rose, dem Symbol der sozialdemokratischen Parteienfamilie, ebenfalls korrupte Netzwerke gebildet.

Bei den Parteien, die aus der Solidarność hervorgegangen waren, blieb somit das Misstrauen gegenüber der SPD bestehen, das aus den Zeiten des Kriegsrechts herrührte, vor allem, weil Willy Brandt es vermieden hatte, öffentlich gegen die Verfolgung der Aktivisten der Demokratiebewegung zu protestieren. Hinzu kam, dass sich der seit 1995 amtierende neue SPD-Chef Oskar Lafontaine für eine Auflösung der Nato aussprach. Angesichts der Entwicklung Russlands zu einem autoritären Staat, dessen Führung nicht fähig oder willens ist, Nachbarschaftskonflikte durch Kompromisse beizulegen, hielt man dies in allen politischen Lagern an der Weichsel für naiv bis gefährlich. Kwaśniewski versuchte, Lafontaine im direkten Gespräch die Besorgnis der Polen klarzumachen, stieß bei diesem aber auf kein Verständnis.

Die SPD trug also maßgeblich dazu bei, die polnischen Postkommunisten international zu rehabilitieren. Dies war im Prinzip durchaus eine richtige Entscheidung, da diese nun den Aufbau neuer staatlicher Strukturen nicht sabotieren konnten, was in Bonn zunächst befürchtet worden war. Doch hätten die SPD und die Sozialistische Internationale konsequent fordern müssen, dass ihre neuen polnischen Verbündeten sich an Grundsätzen der Sozialdemokratie orientieren.

Weitaus schwieriger hatte sich unmittelbar nach der Wende von 1989 die Suche der deutschen Christdemokraten nach Partnern in Polen gestaltet. Zwar hatten sie unter dem Kriegsrecht die Solidarność finanziell unterstützt. Doch die neuen Gruppierungen, die sich „christlich" oder „katholisch" nannten, vertraten nationalpatriotische Positionen, sie lehnten die Zusammenarbeit mit CDU und CSU ab, weil diese traditionell hinter dem Bund der Vertriebenen standen.

Aus dem konservativen Flügel der zerfallenen Demokratiebewegung war indes eine Gruppierung hervorgegangen, die zwar nicht das Etikett „christlich" im Namen führte, sich aber in ihrem Programm so definierte – und sich selbst um Kontakte zur CDU bemühte. Sie nannte sich Zentrumsallianz (*Porozumienie Centrum*). Ihr Gründer und Vorsitzender: Jarosław Kaczyński, damals Leiter des Präsidialamtes und Rechtsberater von Lech Wałęsa. Er forderte eine institutionelle Aufarbeitung des Parteiregimes nach dem Vorbild der Gauck-Behörde, die Entfernung von früheren Parteifunktionären aus dem öffentlichen Dienst sowie die konsequente strafrechtliche Ahndung von Menschenrechtsverletzungen und der Veruntreuung von Volkseigentum. Außenpolitisches Ziel: Mitgliedschaft in Nato und Europäischer Gemeinschaft. Zudem verhehlte Kaczyński nicht, dass Konrad Adenauer und Helmut Kohl zu seinen Vorbildern gehörten.

Die CDU lud im September 1991 Kaczyński nach Bonn ein, auf dem Programm stand auch ein Termin im Kanzleramt bei Kohl. Dieses Treffen zwischen dem auch körperlich mächtigen Deutschen und dem anderthalb Köpfe kleineren Polen geriet allerdings zum Fiasko. Nach den spärlichen Informationen dazu, die Beteiligte Jahre später preisgaben, traten die Differenzen zutage, als die Aufarbeitung des DDR-Regimes zur Sprache gekommen sei. Kaczyński habe Kohl geraten, alle SED-Mitglieder aus dem öffentlichen Dienst zu entlassen. Kohl habe ihn brüsk unterbrochen und ihm knapp dargelegt, dass der Bundesregierung dazu die Rechtsgrundlage fehle und es überdies an qualifiziertem Personal mangele, das all die frei werdenden Stellen einnehmen könnte. Dann habe er den Gast kühl verabschiedet. Kaczyński äußerte später nur dazu, Kohl habe mit ihm sehr herablassend gesprochen und die Polen generell sehr paternalistisch behandelt. Kohl, der bekanntermaßen sehr hochmütig und unwirsch sein konnte, hatte so ohne Not dazu beigetragen, einen künftigen Gegner der Bundesregierung zu schaffen.

Wenige Wochen nach dem Treffen überwarfen sich die Kaczyński-Zwillinge mit Wałęsa. Der Grund: Dieser hielt am Kompromisskurs Mazowieckis gegenüber den Vertretern des Parteiregimes fest, obwohl er zuvor das Gegenteil verkündet hatte. Er hatte erkannt, dass er mangels personeller Alternativen keine Politik gegen den bisherigen Verwaltungsapparat, Geheimdienst und Generalstab machen konnte. Er musste sich darauf beschränken, einige Gefolgsleute in Schlüsselpositionen zu bringen und ansonsten das weiter benötigte Spitzenpersonal auf sich einzuschwören. Die Kaczyńskis kreideten ihm diesen Kompromiss mit Vertretern des früheren Regimes als Verrat an. Der Bruch zwischen den beiden Juristen und dem zum Staatsoberhaupt aufgestiegenen Arbeiterführer war nicht mehr zu kitten, sie verloren ihre Posten im Präsidialamt. Ohne politische Ämter wurden sie uninteressant für die CDU. Obwohl sie im konservativen Spektrum weiterhin eine sehr wichtige Rolle spielten, wurden sie von deutscher Seite weitgehend ignoriert, was der nächste schwere Fehler im Umgang mit ihnen war.

Missachtung der Risikogruppen

Die Warschauer Vertretung der Konrad-Adenauer-Stiftung setzte Mitte der neunziger Jahre auf die neugegründete Freiheitsunion (UW), zu der sich mehrere Gruppierungen mit linksliberalem und liberalkonservativem Profil zusammenschlossen hatten. Erster UW-Vorsitzender wurde der frühere Premier Tadeusz Mazowiecki. Schon bald bildeten sich ein sozialliberaler Flügel um Bronisław Geremek sowie ein neoliberaler um Leszek Balcerowicz und Donald Tusk heraus. Doch außer Mazowiecki, der aus dem Milieu der von Papst Johannes Paul II. geförderten polnischen Reformkatholiken stammte, hatte keiner der führenden Köpfe der Partei etwas mit christlicher Programmatik im Sinn. CDU und Konrad-Adenauer-Stiftung aber vernachlässigten weiterhin das nationalkonservative katholische Milieu. Dessen Repräsentanten wurden äußerst selten zu Konferenzen, Vorträgen und Publikationen oder Bildungsreisen in die Bundesrepublik eingeladen, CDU-Delegationen, die nach Polen kamen, wurden meist nicht mit ihnen zusammengebracht. Auch dies waren folgenschwere Versäumnisse, denn es war damals schon abzusehen, dass diese Gruppierungen ausreichend Rückhalt in der Bevölkerung hatten, um eines Tages Wahlen gewinnen zu können.

Doch die Ostpolitiker der CDU, allen voran die dem sozial-liberalen Flügel der Partei angehörende Bundestagspräsidentin Rita Süssmuth und die Konrad-Adenauer-Stiftung, setzten zunächst auf einen überschaubaren Zirkel von liberalen Intellektuellen, die zwar europa- und deutschfreundlich waren, aber kaum mehrheitsfähig. So bekamen die Nationalkatholiken und die nationalkonservativen Etatisten, zu denen die Kaczyńskis gehörten, keine Gelegenheit, führende CDU-Leute persönlich kennenzulernen und ihr Bild von den Deutschen als historischem Erbfeind der Polen zu korrigieren. Sie waren nahezu völlig vom deutsch-polnischen Dialog ausgeschlossen. Hinzu kam, dass die kleine Gruppe liberal oder sozialdemokratisch eingestellter Polen, die Dauergäste auf Veranstaltungen der Konrad-Adenauer-Stiftung sowie der Friedrich-Ebert-Stiftung wurden, die Deutschen unaufhörlich vor der „antideutschen" Rechten in Polen warnten. Der Effekt war, dass die meisten dieser Veranstaltungen zu Treffen deutscher Polenfreunde und polnischer Germanophiler wurden; die „Risikogruppen", nämlich die polnischen Nationalkatholiken und die deutschen Heimatvertriebenen, blieben durchweg außen vor.

Das Jahr 2001 bedeutete einen markanten Einschnitt in der politischen Landschaft Polens. Es entstanden zwei neue Parteien, die beide rasch an Zustimmung gewannen und in der Gegenwart das politische Leben dominieren: die zunächst rechtsliberale Bürgerplattform (PO) und „Recht und Gerechtigkeit" (PiS). Im selben Jahr wurden die Akten des kommunistischen Geheimdienstes, der erst UB, dann SB hieß, für die Forschung geöffnet. Diese drei Ereignisse beeinflussten auch die deutsch-polnischen Beziehungen.

Die Gründung der PO war die Folge eines schweren Konflikts in der Führung der liberalen Freiheitsunion (UW), zu der die CDU enge Kontakte geknüpft hatte. Ihr Vorsitzender war zuletzt Leszek Balcerowicz, der „Vater des polnischen Wirtschaftswunders". Im Jahr 2000 schied er aus der Parteipolitik aus, weil er an die Spitze der Nationalbank berufen wurde. Um seine Nachfolge bewarben sich Bronisław Geremek, Wortführer des linken UW-Flügels, der für eine Zusammenarbeit mit den postkommunistischen Sozialdemokraten eintrat, und Donald Tusk, der für die Wirtschaftsliberalen in der Partei stand. Geremek setzte sich auf dem Parteitag knapp durch. Doch anstatt den unterlegenen Tusk als seinen Vize vorzuschlagen und dessen Gefolgsleuten mehrere Vorstandsposten zuzugestehen, wie es in demokratischen Parteien in solchen Fällen Usus ist, setzte er auf Konfrontation und brachte ausschließlich eigene Anhänger in den Vorstand sowie auf andere Schlüsselpositionen der Partei.

Der so ausgebootete Tusk verließ wenig später mit einer Gruppe namhafter Abgeordneter im Groll die UW, die bis dahin die stärkste der aus der Solidarność hervorgegangenen Parteien war. Gleichzeitig kehrte Geremek den liberalen Ostpolitikern der CDU um Rita Süssmuth, die ihn bis dahin gefördert hatten, den Rücken, stattdessen stellte die UW gemeinsame Kandidatenlisten mit den Postkommunisten auf. Michnik als Chefredakteur der *Gazeta Wyborcza* unterstützte dieses Links-Bündnis. Schon zuvor hatte er heftige Kritik aus dem rechten sowie dem liberalen Lager auf sich gezogen, weil er mit dem Kriegsrechtsgeneral Jaruzelski Bruderschaft getrunken hatte. Damit enttäuschte Michnik viele seiner Landsleute, die ihn immer wegen seiner Standfestigkeit gegenüber dem Parteiregime verehrt hatten.

Durch ihr Bündnis mit den Postkommunisten gab die UW die bislang von ihr besetzte politische Mitte frei. Doch sehr schnell scheiterte das Experiment, ein neues starkes Bündnis im linken Spektrum aufzubauen – der linksliberale Idealist Geremek und die materialistisch eingestellten Postkommunisten hatten völlig unterschiedliche Vorstellungen von der sozialen Verantwortung von Politikern. Auch Michnik musste erkennen, dass er die Beharrungskräfte unter den alten Seilschaften unterschätzt hatte; er warb nie mehr für ein derartiges Bündnis. Mit seinem politischen Zickzack-Kurs – erst für, dann gegen Wałęsa, zuletzt wieder für ihn; erst gegen, dann für, dann wieder gegen die Postkommunisten und schließlich für neue linke Gruppierungen – hat er nicht wenig zur Schwächung des linksliberalen Spektrums in Polen beigetragen.

Die UW versank in politischer Bedeutungslosigkeit und löste sich schließlich auf, Folge der Kurzsichtigkeit des im Westen mit vielerlei Ehrungen überhäuften Geremek in der Auseinandersetzung mit Tusk. Dieser gründete mit anderen Abgeordneten die Bürgerplattform (PO), die proeuropäisch orientiert war und rasch als wirtschaftsfreundlich galt. Weltanschaulich vertrat sie zunächst liberale Positionen, akzeptierte aber in den folgenden Jahren weitgehend die gesellschaftspolitischen Positionen der katholischen Kirche und stand für patriotische Geschichtsbilder. Dieser Rechtsruck der PO ist offenbar einem Teil der deutschen Medien verborgen geblieben, sie versehen die Partei nach wie vor mit dem Etikett „liberal". Im Europaparlament schlossen sich die PO-Abgeordneten der Europäischen Volkspartei an, wurden somit Partner von CDU und CSU.

Das Gegenstück zur PO wurde die PiS, die Jarosław Kaczyński gründete. Sie stand für die Stärkung des Zentralstaates, forderte die Entfernung ehemaliger Parteifunktionäre aus dem Staatsdienst und die Bestrafung früherer Geheimdienstspitzel, verlangte die Begrenzung der Kompetenzen der Europäischen Union gegenüber Polen und eine Aufstockung der EU-Mittel für Polen als Wiedergutmachung für das Unrecht, das die großen Staaten Westeuropas Polen angetan hätten: Briten und Franzosen, weil sie Polen angeblich 1939 an die Deutschen und 1945 an die Sowjets verraten haben, die Deutschen wegen der Zerstörungen und des Besatzungsterrors im Krieg. Doch das Wirtschafts- und Sozialprogramm der PiS ist klassisch links: Ausbau des Sozialstaats, Reichensteuer, staatliche Kontrolle der Schlüsselindustrien und des Bankensektors.

Die PiS nutzte entschlossen die Gelegenheit, sich als „Partei der kleinen Leute" zu profilieren. Entscheidend war dabei, dass die polnischen Sozialdemokraten, die sich nun Demokratisches Linksbündnis (SLD) nannten, nach ihrer zweiten Rückkehr an die Macht 2001 weiterhin eine neoliberale Klientelpolitik betrieben. Gänzlich verlor die SLD die Verlierer des großen wirtschaftspolitischen Umbruchs aus dem Blick.

Premierminister wurde Leszek Miller, früher ZK-Sekretär der Vereinigten Arbeiterpartei. Nach der Wende von 1989 soll er die Schlüsselfigur bei der Aufteilung des Parteivermögens unter ehemaligen Spitzenfunktionären gewesen sein, obwohl dieses eigentlich in den Staatshaushalt hätte fließen müssen. Doch scheiterten alle Versuche der Staatsanwaltschaft, dieses Kapitel aufzuklären. Nun verteidigte Miller den Beitritt Polens zur Nato. Bei seinem ersten Treffen mit Bundeskanzler Gerhard Schröder demonstrierten beide bestes Einvernehmen, sie duzten sich. Schröder pries die polnischen Postkommunisten als „bewährte und normale Demokraten" – und knüpfte damit in den Augen des rechten Lagers an die SPD-Politik der achtziger Jahre an, die auf die Arbeiterpartei mit ihrem Repressionsapparat anstatt auf die demokratische Opposition gesetzt hatte.

Wegen Schröders Annäherung an Kremlchef Wladimir Putin trübten sich indes die Beziehungen zwischen deutscher SPD und polnischer SLD ein. Die Sozialdemokraten in Warschau setzten nun als wichtigsten außenpolitischen Partner auf den amerikanischen Präsidenten George Bush jun., der als Konservativer, von evangelikalem evangelikalem, missionarischem Eifer getrieben, weltanschaulich überhaupt nicht zu ihnen passte.

Erneut verstrickten sich die Postkommunisten in zahlreiche Korruptionsaffären. Außerdem brachten sie die öffentlich-rechtlichen Medien unter ihre Kontrolle. Ihre Versuche, die unabhängige Presse unter Druck zu setzen, waren aber wenig erfolgreich. Nach nur einer Legislaturperiode wurden sie abgewählt, bei der Parlamentswahl 2005 verringerte sich ihr Stimmenanteil von vorher 41,0 auf 11,3 Prozent, ein beispielloser Absturz. Wahlsieger wurde die PiS. Auch die Präsidentenwahl ein Monat später wurde zum Triumph für die PiS: Lech Kaczyński wurde Nachfolger Aleksander Kwaśniewskis im Präsidentenpalast. Dieser hatte sich zwar im Amt einer gewissen Popularität erfreut, doch fehlte ihm das staatsmännische Format, um parteiübergreifend als Autorität anerkannt zu werden. Dass er sich überdies mehrere öffentliche Auftritte leistete, bei denen er offensichtlich angetrunken war, schadete nicht nur seinem Ansehen, sondern auch dem der Sozialdemokraten.

So konnte es der PiS gelingen, mit einem klassisch linken Sozialprogramm bei den Verlierern des Umbruchs und der Globalisierung zu punkten. Zu ihren Wählern gehörten aber auch viele junge gebildete Menschen, die darauf hofften, die PiS könne die ineffektive Staatsverwaltung grundlegend reformieren. Die epidemische Korruption in der SLD hatte sich auch auf den Justizapparat erstreckt, in dem damals einen Großteil der leitenden Positionen alte Kader einnahmen. Hier liegt der Ursprung der späteren, umstrittenen Justizreform der PiS, die ihr einen tiefgreifenden Konflikt mit der Europäischen Kommission beschert hat.

In den ersten Jahren des neuen Jahrtausends vollzog sich in der polnischen Gesellschaft ein tektonischer Rechtsrutsch. Neben dem Ansehensverlust der postkommunistischen Linken wegen ihrer epidemischen Korruption stellte das „deutsche Thema", wie es die Medien an der Weichsel nennen, den zweiten Hauptgrund dafür dar. Den Deutschen wurde unterstellt, sie wollten die Geschichte des Zweiten Weltkriegs zu Lasten Polens umschreiben und überdies das Land in der Gegenwart wirtschaftlich von sich abhängig machen. Hauptstreitpunkt wurde das geplante Zentrum zur Dokumentation von Vertreibungen im 20. Jahrhundert. Da die damals in Berlin wie in Warschau regierenden Sozialdemokraten dabei allerdings Grundregeln des politischen Handelns verletzten, wuchs sich der Konflikt zur Staatsaffäre aus. Davon profitierten die Kaczyński-Zwillinge. Ihnen haben die Fehler, die die rotgrüne Regierung in Berlin machte, 2005 in Warschau zur Macht verholfen. Und zur Rückkehr Jarosław Kaczyńskis an die Schalthebel der Macht 2015 haben unkluge Entscheidungen Angela Merkels beigetragen.

Die Kontroversen um die Vertreibung der Deutschen nach dem Krieg und die Anerkennung der Oder-Neiße-Grenze schienen endgültig der Vergangenheit anzugehören, nachdem Bonn und Warschau unmittelbar nach der deutschen Wiedervereinigung erst einen Grenzvertrag und wenige Monate später einen Nachbarschaftsvertrag geschlossen hatten. Bundeskanzler Kohl hatte problemlos in der CDU/CSU-Fraktion den Grenzvertrag durchsetzen können, der Bund der Vertriebenen (BdV) schien gänzlich ins politische Abseits geraten zu sein. Doch sahen sich Kohl und die Christdemokraten weiter als Schutzherren der Vertriebenen. Der Kanzler setzte sich besonders dafür ein, sie in den deutsch-polnischen Dialog einzubinden. Von der damaligen CDU-Abgeordneten Erika Steinbach, die an die Spitze des BdV getreten war, erhoffte er sich ein Konzept, wie der Verband nach dem Weggang der „Erlebnisgeneration" in Ehren in die Geschichte abtreten könnte.

Aus der Sicht des Kanzleramtes unter Kohl hatte Steinbach die richtige politische Biografie für das Projekt: Sie hatte sich im christlich-jüdischen Dialog engagiert, sie gehörte außerdem der deutsch-israelischen Gesellschaft an. Ihr konnte man also schwerlich Nähe zu nationalsozialistischem Gedankengut nachsagen. Sie galt als durchsetzungsstark und gehörte dem konservativen CDU-Flügel an, war also als Quereinsteigerin für die führenden Köpfe des BdV akzeptabel. Für das linke und liberale Milieu war sie allerdings eine Reizfigur, da sie zu den Kritikern der Wehrmachtsausstellung gehört und auch gegen die rechtliche Gleichstellung von homosexuellen Partnerschaften Position bezogen hatte.

Das Thema Vertreibung war in der zweiten Hälfte der neunziger Jahre wieder in den deutschen Diskurs zurückgekehrt. Auslöser waren die Kriege im auseinandergebrochenen Jugoslawien. Es wurden dabei Parallelen zwischen den „ethnischen Säuberungen" auf dem Balkan und dem Schicksal der Deutschen östlich von Oder und Neiße nach dem Krieg gezogen. Ebenso wie die Ausgebombten, die in die Tiefen der Sowjetunion Verschleppten und die von Rotarmisten vergewaltigten Frauen wurden die Vertriebenen zunehmend als Leidtragende gesehen, die einen weitaus höheren Preis für die von allen Deutschen zu verantwortenden Verbrechen des NS-Regimes bezahlt haben als die meisten ihrer Landsleute in Nord-, West- oder Süddeutschland.

In Polen hatte das Thema zunächst keinerlei Proteste hervorgerufen, im Gegenteil: Seit Mitte der neunziger Jahre waren dort Dutzende Artikel dazu erschienen. Vor allem junge Historiker nahmen sich des Themas an; sie publizierten mehr als ein Dutzend Dokumentationen über das Schicksal der Deutschen aus Schlesien, Pommern und Ostpreußen, darunter über die für diese eingerichteten Arbeitslager. Diese erste polnische Vertreibungsdebatte war von Empathie geprägt, sie stand unter dem Motto, dass dieses Kapitel der Geschichte gemeinsam von Deutschen und Polen aufgearbeitet werden müsse.

Erika Steinbach gewann für ihr Konzept eines Dokumentationszentrums den ehemaligen SPD-Generalsekretär Peter Glotz, der als Kind mit seinen Eltern aus dem Sudetenland vertrieben worden war; gemeinsam traten sie an die Spitze der neugegründeten Stiftung Zentrum gegen Vertreibungen (ZgV). Zum Unterstützerkreis gehörten bekannte Persönlichkeiten, darunter der spätere Bundespräsident Joachim Gauck, der frühere bayerische Kultusminister und langjährige Präsident des Zentralkomitees der deutschen Katholiken Hans Maier, der Historiker Michael Wolffsohn, der Rabbiner Walter Homolka, der Journalist Peter Scholl-Latour, Rupert Neudeck, der Gründer der Hilfsorganisation „Cap Anamur", sowie die TV-Showmaster Thomas Gottschalk und Harald Schmidt, die beide aus Vertriebenenfamilien stammen. Auch Kardinal Karl Lehmann, der Vorsitzende der katholischen Bischofskonferenz, unterstützte das Projekt.

Von der seit 1998 amtierenden rotgrünen Bundesregierung unter Gerhard Schröder kamen zunächst keine Einwände. Schröder nahm als erster Bundeskanzler sogar im Jahr 2000 an der vom BdV ausgerichteten Feier zum „Tag der Heimat" teil. An der Seite von Erika Steinbach schritt er in den Saal und hielt eine Rede, in der er die Vertriebenen zur Teilnahme am Dialog mit den östlichen Nachbarn einlud.

Steinbach und Glotz lag besonders daran, auch Vertreter der Länder Osteuropas zur Gestaltung des ZgV einzuladen. Als Unterstützer gewannen sie die beiden renommierten ungarischen Schriftsteller Imre Kertesz und György Konrád, die beide, aus jüdischen Familien stammend, die Hölle von Auschwitz überlebt hatten. Auch der polnische Publizist und kurzzeitige Außenminister Władysław Bartoszewski, der von der israelischen Gedenkstätte Yad Vashem als „Gerechter unter den Völkern" sowie mit dem Friedenspreis des deutschen Buchhandels ausgezeichnet worden war, zeigte Interesse. Bartoszewski war eine wichtige Stimme im deutsch-polnischen Dialog, er war dafür vielmals geehrt worden. Zum 50. Jahrestag des Kriegsendes am 8. Mai 1995 hatte er im Bundestag eine Rede gehalten, in der er als erster Vertreter der polnischen Regierung auch öffentlich von der Vertreibung sprach: „Als Volk, das besonders vom Krieg heimgesucht wurde, haben wir die Tragödie der Zwangsumsiedlungen kennengelernt sowie die damit verbundenen Gewalttaten und Verbrechen. Wir erinnern uns daran, dass davon auch unzählige Menschen der deutschen Bevölkerung betroffen waren und dass zu den Tätern auch Polen gehörten."

Zunächst schien Bartoszewski die in ihn gesetzten Hoffnungen zu erfüllen. 1999 verteidigte er Steinbach gegen den Vorwurf, sie schade den deutsch-polnischen Beziehungen. Er halte sie für eine lernfähige Frau, da sie von der Ausbildung her Musikerin sei, ließen sich sicherlich mit ihr konstruktive Lösungen erreichen. Doch die Hoffnungen von Glotz und Steinbach, den konservativen polnischen Katholiken für das Zentrumsprojekt zu gewinnen, erfüllten sich nicht, im Gegenteil: Er wurde sein schärfster und lautester Gegner.

Viel ist über die Ursachen für den Meinungsumschwung Bartoszewskis spekuliert worden. Nach dem Zerfall der Mitte-Rechts-Koalition in Warschau im Jahr 2000 war er für 15 Monate zum zweiten Mal polnischer Außenminister geworden. Zu den großen Aufregern dieser Monate gehörte die Jedwabne-Debatte. In diesem ostpolnischen Dorf waren mehrere Hundert Juden von einer Gruppe ihrer katholischen Mitbürger in eine Scheune getrieben worden, die anschließend in Brand gesetzt wurde; ein SS-Kommando hatte die Täter angestiftet, ihnen Beute und Straffreiheit versprochen. Bartoszewski bewegte den Staatspräsidenten Kwaśniewski dazu, zum 60. Jahrestag des Verbrechens im Namen der Polen um Vergebung zu bitten.

Damit aber rief er eine scharfe Kontroverse hervor. Ihm wurde vorgeworfen, dass ein Staatsakt das Verbrechen von Jedwabne auf eine Stufe mit dem Holocaust stellen würde. In der nationalistischen Presse erschienen zahlreiche Artikel, die Bartoszewski in Misskredit bringen sollten. Ihm wurde vorgeworfen, seine eigene Biographie heroisiert zu haben. So rühme er sich, ein wichtiges Mitglied der konspirativen Organisation Żegota gewesen zu sein, die durch die Ausgabe gefälschter Personalpapiere wohl mehrere Tausend Juden vor dem Holocaust gerettet hatte, sowie als Offizier der Untergrundarmee AK am Warschauer Aufstand von 1944 teilgenommen zu haben. Doch seine Kritiker führten an, dass es für beides keinerlei Belege gebe.

Besonders wurde Bartoszewski vorgehalten, dass er sich in Deutschland als Auschwitz-Überlebender ehren lasse, obwohl er als 18-jähriger nicht im Vernichtungslager Birkenau interniert war, das die Deutschen gewöhnlich mit dem Begriff Auschwitz verbinden, sondern nach einer Straßenrazzia ins drei Kilometer davon entfernte Stammlager gebracht wurde. Zudem wurde er von dort nach sechseinhalb Monaten wieder freigelassen. Er hat selbst beschrieben, dass er bei der Entlassung seine Zivilkleidung inklusive seiner Geldbörse mit Inhalt vollständig zurückbekommen habe. Die Boulevard-Zeitung *Super-Express* schrieb dazu: „Er war Häftling in Auschwitz – aber viele Leute wundern sich, wie er so schnell dort herausgekommen ist." Neben Gorbatschow ist Bartoszewski ein weiterer Fall eines prominenten Politikers, der bei den Deutschen hoch angesehen war, von der Mehrheit seiner Landsleute aber überaus kritisch gesehen wurde.

Es wurde spekuliert, ob er mit seinen Attacken auf das Zentrumsprojekt eine patriotische Tat begehen wollte, die die massiven Vorwürfe überdecken sollte, er habe sich eine Heldenbiographie konstruiert. Jedenfalls unternahm er vielfältige Bemühungen, das bis dahin kaum beachtete Projekt einer längst marginalisierten Gruppe, nämlich der organisierten Vertriebenen, zum Hauptproblem in den deutsch-polnischen Beziehungen zu machen. Doch fand er damit zunächst wenig Gehör in den Medien.

Fehlkalkulation von Rot-Grün

Mit dem Sommer 2002 aber änderte sich das politische Klima um das ZgV einschneidend. Denn erstmals seit drei Jahrzehnten wurde die Vertreibung wieder Wahlkampfthema. Der Spitzenkandidat der Christdemokraten bei der Bundestagswahl, CSU-Chef Edmund Stoiber, forderte von den Tschechen, die Beneš-Dekrete, und von den Polen, die Bierut-Dekrete für ungültig zu erklären. Damit waren die Rechtsakte der ersten Nachkriegsjahre gemeint, die die Deutschen in den Oder-Neiße-Gebieten und im Sudetenland enteigneten und für vogelfrei erklärten, somit die an ihnen begangenen Verbrechen sanktionierten.

Es war offenkundige Wahlkampfrhetorik, denn Stoiber verband damit keinerlei politische Forderungen. Für die bundesdeutschen Medien war es eine Marginalie, doch bei den Polen und Tschechen war das Echo umso größer. Stoiber wurde unterstellt, dass er psychologischen Flankenschutz für Ansprüche der Vertriebenen nach Entschädigung oder Rückerstattung verlorenen Eigentums geben wolle. Das Thema im Wahlkampf anzusprechen, war unverantwortlich von ihm, er hätte wissen müssen, dass es ihm einerseits keine zusätzlichen Stimmen bringen würde, da die konservativen Vertriebenen ihn ohnehin wählten, andererseits aber außenpolitisch für Turbulenzen sorgen dürfte.

Bartoszewski warnte nun vor den angeblichen Gefahren des Zentrumsprojekts für den polnischen Staat und warf seinen Initiatoren vor, die Geschichte zu verfälschen: „Sie wollen das falsche Bewusstsein aufbauen, dass neben den Juden vor allem die Deutschen Opfer des Zweiten Weltkrieges waren." Sein früherer wissenschaftlicher Mentor und Freund Hans Maier schrieb einen Offenen Brief an ihn, in dem er darlegte, dass Voraussetzung der Versöhnung zwischen Deutschen und Polen die Einbindung der Vertriebenen in den Dialog sei. Auch Peter Glotz verfasste eine ausführliche Entgegnung, er legte dar, dass das Projekt ein Kapitel für die Deutschen abschließen und sich keinesfalls gegen die Nachbarn richten solle. Doch keine polnische Zeitung druckte diese Texte ab.

Angesichts der Aufregung in Polen kam das ZgV im Frühjahr 2003 erstmals auf die Tagesordnung des Bundeskabinetts. Innenminister Otto Schily, der seine Sympathien für das Projekt nicht verhehlt hatte, drang darauf, das Thema aus der aktuellen Politik herauszuziehen, Expertengruppen aus Historikern und Vertretern der Kirchen aus beiden Ländern sollten sich damit befassen. Doch Außenminister Joschka Fischer sprach sich dafür aus, auf harte Konfrontation zu setzen, da hinter Steinbach ein Spitzenmann der anderen Seite stehe, CSU-Chef Edmund Stoiber. Ob Fischer sich jemals informiert hat, welche Persönlichkeiten dem ZgV-Beirat angehören, ist unbekannt. Jedenfalls behielt er die Oberhand gegenüber Schily, der den Konflikt entschärfen wollte. In Berlin galt als verbürgt, dass Fischer stets reflexartig gegen Vorschläge Schilys Stellung bezog; er habe diesem den Wechsel von den Grünen zur SPD nicht verzeihen können. Schröder, der an historischen Debatten nie sonderliches Interesse gezeigt hatte, entschied sich für den Vorschlag Fischers.

In einer Reihe von Interviews griffen beide nun den Bund der Vertriebenen und das Zentrumsprojekt an. Wie das nationalpatriotische Lager an der Weichsel bemühte Fischer die Kollektivschuldthese, er erklärte, das Konzept laufe auf eine „Täter-Opfer-Umkehrung" hinaus. Schröder sah darin einen Versuch der „Geschichtsklitterung". Er brüskierte auf diese Weise nicht nur seine Parteigenossen Schily und Glotz, sondern auch die Seliger-Gemeinde, den Verband der sudetendeutschen Sozialdemokraten, der ebenfalls das Zentrum unterstützte. Trotz ihrer Gegnerschaft zu Hitler waren sie nach dem Krieg aus ihren Heimatorten vertrieben worden, darunter auch frühere KZ-Häftlinge; viele von ihnen hatten unmittelbar nach dem Krieg in der Tschechoslowakei sogar Zwangsarbeit leisten müssen. Der tschechische Staatspräsident Václav Havel würdigte nach der Wende wiederholt den Beitrag der Seliger-Gemeinde zur deutsch-tschechischen Verständigung. Zur Vertreibung der Sudetendeutschen erklärte Havel, seine Landsleute seien unmittelbar nach dem Krieg vom „Bazillus des Nazismus" befallen gewesen.

Doch eine Gruppe von SPD-Politikern nahm sich vor, die Polen vor Erika Steinbach zu schützen, unter ihnen Gesine Schwan, die Koordinatorin für die deutsch-polnische Zusammenarbeit der Bundesregierung, sowie Markus Meckel, der im Wendejahr 1990 der letzte DDR-Außenminister gewesen war. Dabei hatte es die SPD als einzige politische Kraft in der Hand, den Konflikt zu entschärfen. Sie war als einzige der großen bundesdeutschen Parteien nicht von vornherein auf eine Position festgelegt; die Führungen von CDU und CSU sahen keinen Grund, dem Zentrumsprojekt ihre Unterstützung zu entziehen, da sie es nicht als antipolnisch ansahen, sondern als geeigneten ersten Schritt zur Auflösung des BdV in allen Ehren.

Auch hatten Schröder und Fischer mit ihren Attacken auf das ZgV eine grundlegende Erfahrung der vorangegangenen Jahre missachtet, dass nämlich deutsch-polnische Debatten über den Zweiten Weltkrieg überkreuz verlaufen: So sehen Linke und Linksliberale in der Bundesrepublik die Aufarbeitung des deutschen Besatzungsterrors als moralische Pflicht an – genau dies fordert die polnische Rechte. Die deutschen Christdemokraten stellen zwar die Verantwortung, die deutschen Untaten zu sühnen und zu dokumentieren, nicht in Frage, wollen indes auch an die Vertreibung nach dem Krieg erinnern; sie stoßen damit an der Weichsel auf Zustimmung bei den Linksliberalen sowie Liberalen, die meinen, dass eine demokratische Gesellschaft auch dunkle Flecken in der eigenen Geschichte ausleuchten solle. Die polnische Rechte aber sperrt sich dagegen, weil sie am Selbstbild vom „Volk der Helden und Opfer" festhält. In dieser Konstellation wurden die versöhnungsbereiten Polen gänzlich an den Rand gedrängt, sie konnten sich nicht gegen das lautstarke nationalpatriotische Lager durchsetzen, das in dieser Kontroverse ja auch – ungewollt – von Rot-Grün in Berlin unterstützt wurde.

Die Entscheidung Schröders und Fischers, es zum innenpolitischen Streitpunkt zu machen, verstieß überdies gegen eine Grundregel politischen Handelns: Man beginnt einen Streit nur, wenn die Aussichten dafür sehr gut sind, dass man am Schluss als Sieger dasteht; andernfalls kann ein Konflikt eine nicht mehr kontrollierbare Eigendynamik entwickeln. Ihnen hätte von Anfang klar sein müssen, dass Konfrontation nicht der richtige Weg war, denn zu den ZgV-Unterstützern gehörten ja prominente Persönlichkeiten, an deren Autorität und Integrität kein Zweifel bestehen konnte, zumal einige von ihnen sich bereits um die deutsch-polnische Verständigung verdient gemacht hatten, allen voran Kardinal Karl Lehmann, Professor Hans Maier und Rupert Neudeck, der als Kind mit seiner Mutter aus Danzig geflüchtet war. Die SPD-Führung hätte hier auf eine andere Lösung setzen müssen: Steinbach akzeptieren, aber sie, gemeinsam mit den „Polen-Freunden" in der CDU um Rita Süssmuth, in Gremien einhegen, so wie dies ja Schily, Glotz und auch die Seliger-Gemeinde angestrebt hatten.

So kam es also, dass namentlich SPD-Politiker mit dem Zuspitzen der Kontroverse um das Vertriebenenzentrum den Nationalisten an der Weichsel, für diese unverhofft, ein großes Thema lieferten. Der Konfrontationskurs war auch deshalb ein kardinaler Fehler, weil es politisch um nichts ging: Weder waren damit Gebietsansprüche noch Forderungen nach Entschädigung verbunden. Mit seinen Attacken gab Schröder auch der polnischen Führung in Warschau ein Signal. Bislang hatte das sozialdemokratische Duo – Staatspräsident Kwaśniewski und Premier Miller – sich in der Debatte zurückgehalten. Doch nachdem Schröder in die Offensive gegangen war, taten sie es ihm nach, sie griffen den BdV heftig an, was seit der Wende von 1989/90 keine polnische Regierung mehr getan hatte, da ja die Grenzfrage geklärt war.

Miller hatte wegen Korruptionsaffären, die bis in sein Kabinett reichten, und einer misslungenen Gesundheitsreform stark an Popularität eingebüßt. Nun hoffte auch er offensichtlich, mit einer patriotischen Tat, nämlich der Verhinderung des ZgV, von eigenen Problemen ablenken zu können. Vor allem aber schossen sich in Polen die rechte Opposition und fast alle Medien auf das Zentrumsprojekt ein, ohne allerdings den Versuch zu machen, seine Initiatoren dazu zu befragen. Erika Steinbach wurde zu einer Art Volksfeindin.

Fotomontagen und falsche Zitate

Das rechtsliberale Magazin *Wprost* veröffentlichte 2003 auf seiner Titelseite eine Fotomontage, die Steinbach in SS-Uniform rittlings auf Schröder sitzend zeigt. Eine besondere Rolle spielte bei den Kampagnen der polnischen Presse die Boulevardzeitung *Fakt* des Axel-Springer-Verlags. Sie kam zur Zeit der großen Welle antideutscher Emotionen 2003 auf den Markt. Schon Wochen vor dem ersten Erscheinungstag begann der bisherige Marktführer *Super-Express* eine Kampagne, nach der die Deutschen nun mit einer neuen Zeitung die polnischen Traditionen und Werte zerstören wollten. Beim Springer-Verlag gab man daraufhin der *Fakt*-Redaktion grünes Licht für einen nationalpatriotischen Kurs – als Ausweis der redaktionellen Unabhängigkeit. Der Berliner Verlag trug mit seinem neuen Warschauer Ableger nicht unerheblich zur Verschlechterung des Klimas zwischen Deutschen und Polen bei und förderte auf diese Weise den Aufstieg der Kaczyński-Zwillinge.

Erika Steinbach, die einfache Bundestagsabgeordnete war, wurden Leitartikel und Talkshows gewidmet, ihr dabei arrogante und aggressive Aussagen über Polen in den Mund gelegt, die sie nie gemacht hatte, Zitate wurden verdreht oder schlicht erfunden, in Internetforen wurden ihr schlimmste Strafen angedroht. Allerdings trug sie selbst durch einige unbedachte Äußerungen auch dazu bei, die Emotionen weiter anzufachen, obwohl ihr damals keineswegs an einer Konfrontation mit Polen gelegen war; radikalisiert hat sie sich erst in den Kontroversen um die Flüchtlingskrise von 2015 und fand schließlich ihren Weg in die AfD.

Das Zentrumsprojekt stellten fast alle Warschauer Medien als Bedrohung für die polnische Nation dar. Zu der Kampagne gehörten Attacken auf die Preußische Treuhand, einen Verein, der für eine kleine Gruppe deutscher Vertriebener Eigentumstitel für Immobilien in den Oder-Neiße-Gebieten geltend machte. Berichte darüber wurden mit dem Konterfei Steinbachs illustriert, obwohl sie sich klar davon distanziert hatte. Die Treuhand durchkreuzte nicht nur das Konzept, den Polen das Zentrum schmackhaft zu machen, sondern brachte auch die nationalpatriotische Opposition um Jarosław Kaczyński weiter in die Offensive. Diese fand eine Mehrheit für den Antrag, die Regierung zu verpflichten, Reparationen für die von den deutschen Besatzern angerichteten Schäden zu fordern.

Um dieses Problem zu entschärfen, gaben die beiden Außenminister Joschka Fischer und Włodzimierz Cimoszewicz gemeinsam ein Rechtsgutachten in Auftrag. Das Ergebnis wurde 2004 vorgestellt: Im Lichte des Völkerrechts hätten weder die früheren deutschen Einwohner der an Polen abgetretenen Ostgebiete Anspruch auf Rückgabe oder Entschädigung für verlorene Immobilien noch habe Polen Anspruch auf Reparationen. Allerdings verbreitete sich wenig später die Information, dass der polnische Gutachter sich in den Zeiten der Volksrepublik als Informant des Geheimdienstes SB verpflichtet und in dieser Eigenschaft pikanterweise auch Berichte über seinen späteren deutschen Koautor verfasst habe. Die rechte Opposition erklärte daraufhin den Teil der Expertise, der Reparationen für Warschau ausschloss, für wertlos, da der polnische Rechtsexperte erpressbar sei.

Im selben Jahr, als das Rechtsgutachten vorgestellt wurde, musste Miller als Premierminister zurücktreten. Er hatte den Rückhalt der eigenen Fraktion verloren, weil er angeblich durch Korruptionsvorwürfe belastete Gefolgsleute gedeckt hatte. Sein Nachfolger wurde der nüchterne Wirtschaftsprofessor Marek Belka. Dessen Berater hatten klar erkannt, dass die Debatte um die Vertriebenen nur den Kaczyński-Zwillingen nützte. Hinter den Kulissen appellierte er an die Bundesregierung, alles zu tun, um die Emotionen zu dämpfen. Doch fand Belka weder beim Bundeskanzler noch bei dessen Polen-Beauftragter Gesine Schwan Gehör.

Im Herbst 2005 gewann die von Jarosław Kaczyński geführte PiS überraschend die Parlamentswahlen, drei Wochen später wurde sein Zwillingsbruder Lech zum Nachfolger des Staatspräsidenten Aleksander Kwaśniewski gewählt. Die Deutschland-Beauftragte der Regierung Belka, Irena Lipowicz, erklärte dazu, das Thema Steinbach habe den Kaczyńskis die nötigen Prozentpunkte für ihren Doppelsieg eingebracht.

In Berlin wurde fast gleichzeitig Gerhard Schröder abgewählt, die Union und die SPD bildeten eine Große Koalition unter Bundeskanzlerin Angela Merkel. Im Koalitionsvertrag verständigten sich beide Seiten darauf, ein „sichtbares Zeichen" zur Dokumentation von Vertreibungen in Berlin zu setzen. Doch über den Umgang mit dem BdV konnten sie sich nicht einigen. Das Bundeskanzleramt und der neue Außenminister Frank-Walter Steinmeier (SPD) sowie dessen von Schröder übernommene Polen-Beauftragte Gesine Schwan koordinierten in der Folge ihre Politik gegenüber Warschau nur unzureichend.

Dies zeigte sich beim ersten offiziellen Besuch Lech Kaczyńskis in Berlin 2006, der aus polnischer Sicht zum Fiasko geriet, so wie die Begegnung seines Zwillingsbruders Jarosław mit Helmut Kohl anderthalb Jahrzehnte zuvor. Dabei hatte der neue polnische Präsident ein versöhnliches Zeichen setzen wollen: Auf seinem Programm stand auch eine Rede zum Thema „Solidarisches Europa" in der Humboldt-Universität, mit der er seinen Ruf als EU-Skeptiker korrigieren wollte.

Im Warschauer Präsidialamt war man von einer traditionellen akademischen Festivität ausgegangen, bei der Würdenträger des Gastgebers sowie der Rektor und die Dekane in ihren Talaren in den ersten Reihen sitzen, so wie es in Polen üblich ist, wenn Staatsgäste kommen. Doch fehlte der Berliner Veranstaltung jeglicher würdevolle Rahmen. Nicht nur, dass hohe Repräsentanten der Bundesregierung und des Landes Berlin fehlten, den Auftritt des polnischen Präsidenten, der mit guten Absichten gekommen war, störten überdies massiv Aktivisten der Gay-Bewegung. Kaczyński hatte im Jahr zuvor als Warschauer Oberbürgermeister wegen angeblicher Sicherheitsbedenken die Love Parade nicht genehmigt, sein Bruder hatte als PiS-Chef erklärt, Homosexuelle dürften keine Lehrer werden. Von der Veranstaltung in der Humboldt-Universität blieb das Bild in den Medien, wie zwei Leibwächter mit großen Regenschirmen auf dem Podium bereitstanden, um den polnischen Gast vor Tomaten und faulen Eiern zu schützen. Unter ging in der Berichterstattung, dass Kaczyński in seine Rede einen bemerkenswerten Satz eingeflochten hatte: „Die meisten Deutschen, die ich in meinem Leben getroffen habe, waren sehr sympathisch, aber nicht alle, so wie in jeder Gesellschaft."

In Warschau sah man in der schlechten Organisation der aus dem Ruder gelaufenen Veranstaltung einen gezielten Affront. Dass die Regeln nicht nur des Protokolls, sondern auch der Gastfreundschaft so massiv verletzt worden waren, dürfte indes eher eine Folge des Kompetenzwirrwarrs zwischen der Universität, dem Land Berlin, dem Auswärtigen Amt und dem Bundespräsidialamt gewesen sein. Warschauer Kommentatoren schrieben keineswegs zu Unrecht von einer „Schande für Deutschland". So fanden Lech Kaczyńskis Bemühungen um ein entspannteres Verhältnis zu Berlin ein rasches Ende – und die Schuld daran lag klar auf der deutschen Seite.

Von nun an setzte Jarosław Kaczyński, der energischere der beiden Brüder, die Akzente in der Außenpolitik. In deren Mittelpunkt stellte er gegenüber den Nachbarn in West und Ost die Forderungen nach Wiedergutmachung für deren Verbrechen im Zweiten Weltkrieg. Immer wieder führte er in nationalpatriotischer Rhetorik an, dass die Deutschen bis in die Gegenwart eine antipolnische Politik betreiben. Als Beispiel nannten PiS-Politiker die deutschen Jugendämter: Diese verböten angeblich nach der Scheidung von deutsch-polnischen Ehen den polnischen Elternteilen, mit den in der Bundesrepublik gebliebenen Kindern Polnisch zu reden. Es war keineswegs ein Thema nur des rechten Lagers, zuerst hatte es die linksliberale *Gazeta Wyborcza* unter der Überschrift „Ein neuer Lebensborn" auf die Titelseite ihres Magazins gebracht. Es war eigentlich eine Marginalie, doch auch sie entwickelte eine destruktive Eigendynamik.

Ausgangspunkt dieser absurden Version, die sogar Gegenstand von Talkshows, Sondersendungen polnischer Fernsehkanäle und Pressekonferenzen von Regierungsmitgliedern wurde, war die Kampagne zweier seit langem in der Bundesrepublik lebender polnischer Väter, die wegen Gewalt in der Familie ihre Kinder nur unter Aufsicht eines Psychotherapeuten treffen durften, was indes in den Medien unerwähnt blieb. Das deutsche Wort „Jugendamt" ging durch die polnischen Medien – als eine Institution, die angeblich von SS-Führer Himmler gegründet wurde und heute systematisch die Polen in der Bundesrepublik erniedrigt. Nach Ansicht der PiS war dies ein besonders infames Kapitel der Unterdrückung der Polen ganz in der Tradition des Kulturkampfes Bismarcks gegen die polnische Sprache und der Besatzungspolitik im Zweiten Weltkrieg.

Angesichts dieser Welle der Empörung bat das Bundesjustizministerium das Auswärtige Amt, in Warschau diese schlicht falsche Berichterstattung in den polnischen Medien richtigstellen zu lassen. Doch im Ministerium Steinmeiers beharrte man darauf, dass man Presseberichte grundsätzlich nicht kommentiere. Dabei wäre es ein Leichtes für die deutsche Botschaft in Warschau gewesen, durch eine Presseerklärung oder gar eine Pressekonferenz diese Falschinformationen aus der Welt zu schaffen. Da die Botschaft dies unterließ, kehrte das Thema immer wieder zurück. So stand es auch auf der Tagesordnung einer Konferenz der PiS in ihrem Fraktionssaal im Sejm, auf der zum 20. Jahrestag mit dem angeblich für Warschau so nachteiligen deutsch-polnischen Nachbarschaftsvertrag von 1991 abgerechnet wurde. Als ein Redner die angebliche Praxis der deutschen Jugendämter mit Auschwitz verglich, verließ der anwesende Vertreter der deutschen Botschaft empört den Saal. Er kehrte zurück, um eine Erklärung über das Interesse Berlins an guten deutsch-polnischen Beziehungen zu verlesen. Er tat es wegen seiner mangelnden Polnischkenntnisse auf Englisch, was die Anwesenden als groben Fauxpas und Missachtung des Sejms ansahen – die Konferenz fand ja im Parlamentsgebäude statt; auch konnte nur ein Bruchteil von ihnen den Ausführungen des Deutschen folgen. So blieb eine weitere Chance ungenutzt, die Falschinformationen über die Jugendämter zu widerlegen.

Kuriose Personalpolitik des Auswärtigen Amtes

Im Prinzip verfügt das Auswärtige Amt über exzellente Osteuropa-Experten, so wie generell der diplomatische Dienst der Bundesrepublik zu den kompetentesten unter den großen Nationen gehört. Doch unter Außenminister Joschka Fischer und zunächst auch unter seinem Nachfolger Frank-Walter Steinmeier wurden Botschafter an die Weichsel entsandt, die weder das Land noch die Sprache kannten und die vor allem kein Gespür für die psychologischen Aspekte der deutsch-polnischen Debatten an den Tag legten. Der Grund für diese desaströse Personalpolitik lag darin, dass man im Auswärtigen Amt Warschau als unattraktiven Ort ansah, dorthin schoben die Minister Spitzendiplomaten ab, die nicht zu den Sympathisanten ihrer jeweiligen Parteien zählten. Als überaus attraktiv gilt hingegen der Posten in Madrid, und das Auswärtige Amt traf auch hier kuriose Entscheidungen: Zweimal hintereinander entsandte es einen Botschafter dorthin, der nicht Spanisch sprach. Die stolze, feine Madrider Gesellschaft nahm diese Berliner Instinktlosigkeiten vergrätzt zur Kenntnis.

Aufgrund der fehlenden Sprachkenntnisse konnte in dieser Zeit der großen Spannungen keiner der deutschen Botschafter in Warschau ein tiefer gehendes Gespräch mit den meisten polnischen Politikern führen. Dies wirkte sich vor allem im Fall der Kaczyński-Zwillinge aus: Das Auswärtige Amt konnte sich von ihnen kein differenziertes Bild machen und unterschätzte sie daher völlig, sie wurden lange gar nicht ernst genommen; gleichzeitig begab es sich der Möglichkeit, durch ihre Einbindung in den politischen Dialog ihr verqueres Deutschland-Bild zu korrigieren.

Diese am falschen Ort eingesetzten Spitzendiplomaten vermieden auch den Kontakt zu Warschauer Journalisten und nutzten somit nicht die Möglichkeiten, offenkundig falsche Informationen in den polnischen Medien, die indes die Nachbarschaftsbeziehungen negativ beeinflussten, in Hintergrundgesprächen richtigzustellen, darunter eben die grotesken Berichte über ein von den Jugendämtern verhängtes Polnischverbot oder das Zentrum gegen Vertreibung als Teil eines angeblich staatlichen Projekts, das auf die Wiedererlangung der ehemaligen deutschen Ostgebiete abzielt. Viele Male wurden deutsche Diplomaten zu Talkshows über all die Themen eingeladen, die in Polen die Gemüter erhitzten. Nur wurden diese Einladungen grundsätzlich ausgeschlagen, weil es keine Botschafter oder erfahrene Presseattachés mit den dafür erforderlichen Sprachkenntnissen gab, so dass die Gelegenheiten, die Gemüter in Polen wieder zu beruhigen, ungenutzt verstrichen.

Wie wenig die deutschen Geschäftsträger an der Weichsel in dieser Zeit der Spannungen die Stimmungen in ihrem Gastland einzuschätzen wussten, zeigte sich während des Konklaves nach dem Tod von Johannes Paul II. im April 2005. Da ja ein Deutscher als Favorit des Kardinalskollegiums galt, versammelten sich polnische Fernsehteams vor der Botschaft. Doch als dieser tatsächlich bereits am ersten Abend des Konklaves gewählt wurde und als Benedikt XVI. auf den Balkon über dem Petersplatz getreten war, ging nicht der deutsche Botschafter zu den polnischen Journalisten, um ein paar Sätze über die langjährige enge Freundschaft zwischen Joseph Ratzinger und Johannes Paul II. zu sagen, sondern ein Wachmann beschied den Wartenden über die Sprechanlage in schlechtem Englisch, dass bereits Dienstschluss sei. Die Fernsehnachrichten zeigten diese befremdliche Szene, die auch in anderen Medien kritisch kommentiert wurde.

Nicht nur die Fehlbesetzung des Spitzenpostens in Warschau trug zu den deutsch-polnischen Misshelligkeiten ein, sondern auch die Entscheidung Steinmeiers, in dem Konflikt um das Vertriebenenzentrum weiter auf Konfrontation mit CDU/CSU zu setzen, anstatt ihn in Gremien aus Experten unter Beteiligung der polnischen Seite versanden zu lassen, wie es Otto Schily vernünftigerweise empfohlen hatte. In Warschau wurde Steinmeier ohnehin mit größter Skepsis betrachtet, weil er als einer der Architekten der Russlandpolitik Schröders galt.

Wie Schröder glaubte auch Steinmeier irrtümlich, mit Angriffen auf Steinbach, die nach dem Tod von Peter Glotz 2005 allein das ZgV repräsentierte, zum Abbau der Spannungen zwischen Berlin und Warschau beitragen zu können. Auch Gesine Schwan versuchte, sich mit Attacken auf das ZgV zu profilieren, anstatt Gespräche zwischen den Konfliktparteien zu vermitteln. Sie erklärte sogar, Angela Merkel müsse sich als Regierungschefin entscheiden, ob sie es mit den Polen oder den Vertriebenen halte – so als ob beides unvereinbar sei. Der Kurs Steinmeiers und Schwans stieß allerdings keineswegs auf ungeteilten Beifall in der SPD. Eine Gruppe prominenter Sozialdemokraten, darunter die früheren Bundesminister Hans Apel, Karl-Heinz Funke und Renate Schmidt sowie der bayrische SPD-Vorsitzende Franz Maget, veröffentlichten zum großen Ärger der Parteiführung einen Aufruf für ein ZgV in Berlin.

In den Augen der in Polen populären Bundeskanzlerin kam Steinbach das große Verdienst zu, den BdV von revisionistischen Kräften gesäubert und somit politisch neutralisiert zu haben. Überdies sah sie das ZgV-Konzept nicht als antipolnisch an. Doch die polnischen Zeitungsleser und Fernsehzuschauer erfuhren nichts davon, weil die allermeisten Journalisten sich im „Kampf gegen Steinbach" als Verteidiger der Ehre der Nation verstanden, was einer objektiven Berichterstattung entgegenstand.

Der Konflikt entschärfte sich keineswegs nach den vorgezogenen Parlamentswahlen in Polen im Herbst 2007, als die Wähler Jarosław Kaczyński in die Opposition schickten. Neuer Regierungschef wurde der vom Liberalen zum staatstragenden Konservativen gewandelte Donald Tusk. Zu seinem Deutschland-Beauftragten ernannte er den mittlerweile 85 Jahre alten Bartoszewski. In der von Tusk geführten Bürgerplattform (PO) hatte man zuvor wenig Berührungspunkte zu Bartoszewski, der aus dem nationalkatholischen Milieu kam. Allerdings war er dort nicht mehr wohlgelitten, nachdem Zweifel an seinen autobiographischen Erzählungen über die Kriegszeit aufgekommen waren. Bei Gedenkfeiern für die Opfer der deutschen Besatzung wurde er deshalb aus den Reihen der Veteranen der Untergrundarmee wiederholt ausgepfiffen.

PO-Politiker hatten vor seiner Ernennung zum Deutschland-Beauftragten Tusks bei ihren Kontakten in der CDU nachgefragt, ob es Einwände gegen ihn gebe. Dies wurde verneint. Es war ein weiterer Fehler in der Kontroverse, da ja längst offenkundig war, dass Bartoszewski die treibende Kraft der Kampagne gegen Steinbach gewesen war, die den Kaczyńskis zu ihrem Doppelsieg bei den Parlaments- und Präsidentschaftswahlen 2005 verholfen hatte. Sogar Helmut Kohl, Bundespräsident Horst Köhler, Bundestagspräsident Norbert Lammert und andere CDU-Spitzenleute hatten ihn im persönlichen Gespräch nicht überzeugen können, dass das ZgV keineswegs darauf abziele, die Geschichte umzuschreiben.

In der deutschen Presse war das Echo auf den Konfrontationskurs Warschaus durchweg negativ. Der *Spiegel*, der stets den BdV attackiert hatte, nannte die Reaktionen in Polen „hysterisch", die *taz* nannte sie „neurotisch". Deutsche Kommentatoren hatten schon zuvor eine Umfrage der konservativen *Rzeczpospolita* über die „gefährlichsten Politiker der Welt" mit Spott bedacht. Darin belegte Erika Steinbach den zweiten Platz, nach Wladimir Putin und vor dem iranischen Präsidenten Mahmud Ahmadinedschad. Auch in Polen wurde nun Kritik an Bartoszewski laut. *Rzeczpospolita* schrieb, er habe mit seinen irrationalen Attacken auf die Vertriebenen eine „Atombombe" gezündet, die die deutsch-polnischen Beziehungen noch lange „kontaminieren" werde. Es war auch eine schwere Niederlage für Tusk und Sikorski, die sich von ihm unklugerweise in die Kampagne hatten einspannen lassen. Und Tusks Blamage war ein kleiner Triumph für seinen Erzfeind Jarosław Kaczyński.

Der außer Kontrolle geratene Konflikt, der auch tiefe Gräben unter den deutschen Polen-Experten aufgerissen hat, könnte geradezu als Lehrstück für Kurzsichtigkeit und auch Eitelkeit von Politikern dienen. Doch führte er nicht zu einer Debatte, warum denn die zahlreichen deutsch-polnischen Institutionen und Vereinigungen so schwach waren, dass sie diese Eskalation nicht hatten verhindern können.

Immerhin lernte das Auswärtige Amt aus all diesen Missverständnissen und Versäumnissen, die den Aufstieg der Kaczyński-Zwillinge in keineswegs geringem Maße begünstigt haben: Im 40. Jahr nach der Eröffnung der bundesdeutschen Vertretung entsandte es 2010 erstmals einen Botschafter an die Weichsel, der nicht nur das Land, sondern auch einen Teil seiner politischen Elite bereits gut kannte: Rüdiger von Fritsch hatte als junger Attaché in den achtziger Jahren zahlreiche Vertreter der damaligen Opposition, die später in hohe Staatsämter aufstiegen, persönlich kennengelernt. Er wurde auch der erste bundesdeutsche Botschafter, der sehr gut Polnisch spricht. Vier Jahrzehnte lang hatten die Bundesaußenminister bei der Personalauswahl diese Qualifikation als nicht notwendig erachtet.

An der Weichsel waren 2010 die deutsch-polnischen Misshelligkeiten in den Hintergrund getreten. Das politische Geschehen bestimmten die Folgen des Flugzeugabsturzes von Smolensk, bei dem Präsident Lech Kaczyński, seine Frau sowie 94 weitere Personen an Bord, darunter drei Vizepräsidenten des Parlaments, die fünf höchsten polnischen Generäle, drei Vizeminister und 18 Parlamentsabgeordnete, den Tod gefunden hatten.

Premierminister Tusk beging einen folgenschweren Fehler, als er den Russen die Untersuchung des Absturzes überließ, anstatt auf einer polnisch-russischen Expertenkommission zu bestehen. Überdies unternahm er keinen Versuch, den vom Tod des Bruders schwer getroffenen Jarosław Kaczyński, der damals Oppositionsführer war, in die Untersuchung einzubinden; die politische Klugheit hätte es geboten, von diesem benannte Experten hinzuzuziehen. Der nach einem knappen Jahr veröffentlichte russische Untersuchungsbericht war offenkundig unvollständig und somit manipulierend, so dass Kaczyński die Gelegenheit bekam, Verschwörungstheorien zu verbreiten, die die Gräben in der Gesellschaft vertieften. Seine Sprache radikalisierte sich nach dem Tod des Bruders, der offenbar stets einen mäßigenden Einfluss auf ihn gehabt hatte. Nun beschuldigte er Tusk, hinter einem Komplott zu stehen, das zum „Opfertod" des Bruders geführt habe. Auch näherte er sich den nationalkatholischen Eiferern an, über die er früher noch gespottet hatte.

Doch auch Tusk trug nicht unerheblich zur Verschärfung des politischen Klimas bei. Zwar hatte er nach seiner Wiederwahl 2011 in Champagnerstimmung eine „Politik der Liebe" angekündigt, was ihm viel Spott in den Medien einbrachte. Doch setzte er in Wirklichkeit auf harte Konfrontation und sparte auch nicht mit Beleidigungen an die Adresse der Opposition, die Rolle eines Brückenbauers in der Gesellschaft interessierte ihn offenkundig nicht. Bei den in den polnischen Medien beliebten Umfragen über die größten politischen Rüpel gehörte er stets zur Spitzengruppe, wie auch Außenminister Sikorski und sein Deutschlandbeauftragter Bartoszewski, die auf diese Weise ebenfalls ihren Teil zur Spaltung der polnischen Gesellschaft beitrugen. Auch machte Tusk sich angreifbar, weil sein Sohn einen gut dotierten Posten in der Flughafengesellschaft seiner Heimatstadt Danzig bekommen hatte und enge Mitarbeiter in Korruptionsaffären verstrickt waren. Doch galt er weiterhin als der starke Mann an der Weichsel, der als einziger Kaczyński und das EU-skeptische nationalpatriotische Lager in Schach halten konnte.

Es war daher ein fataler Irrtum Angela Merkels, ihren Duzfreund Donald Tusk 2014 zur Übersiedlung nach Brüssel an die Spitze des Europäischen Rates zu drängen. Denn Tusk hatte keinen Nachfolger in der PO aufgebaut; dort brachen Diadochenkämpfe aus, bei denen der zwar für eine proeuropäische Außenpolitik stehende, aber bei seinen Landsleuten unpopuläre Sikorski ins Abseits geriet. Ihm wurde ein abgehörtes Gespräch zum Verhängnis, in dem er in äußerst vulgärem Ton über die amerikanischen Verbündeten schimpfte. Die Streitereien innerhalb der PO ebneten der PiS Kaczyńskis 2015 die Rückkehr an die Macht.

Noch mehr Wahlkampfmunition hatte der PiS die Flüchtlingskrise geliefert, für die vor allem das Kabinett Merkel verantwortlich gemacht wurde. Jarosław Kaczyński behauptete, Schweden habe bereits die Scharia für Muslime legalisiert, außerdem könnten Einwanderer aus dem Orient Parasiten und Seuchen einschleppen. Doch auch die gemäßigten Parteien in Warschau lehnen die Verteilung von Asylbewerbern auf die EU-Länder als nicht praktikabel ab. Verwiesen wird auf das Flüchtlingsheim im schlesischen Dorf Sulistrowiczki: Innerhalb weniger Wochen waren alle 2015/16 dort einquartierten Asylbewerber Richtung Deutschland verschwunden.

Auch wird argumentiert, dass die Kontroversen über die große Zahl muslimischer Einwanderer tiefe Gräben in den Gesellschaften Westeuropas aufgerissen hätten. Derartige Probleme wolle man sich auf keinen Fall ins Haus holen. Polnische Kommentatoren sehen einen fundamentalen Widerspruch in der Flüchtlingspolitik Berlins: Einerseits preisen die Deutschen die Gleichberechtigung der Frauen, die Anerkennung von Diversität sowie den Kampf gegen Antisemitismus als Grundelemente ihrer toleranten Gesellschaft, andererseits gewähren sie mehreren Hunderttausend jungen Männern aus islamischen Ländern das Aufenthaltsrecht und beträchtliche finanzielle Hilfen, obwohl diese nicht die Kriterien für den Flüchtlingsstatus erfüllen und vor allem diese Werte ablehnen. Den Deutschen wird sogar vorgeworfen, das europäische Asylrecht zu unterminieren, da sie weniger als ein Fünftel der abgelehnten Asylbewerber abschieben.

Seitdem herrscht ein Dauerkonflikt zwischen Brüssel und Warschau wegen der Demontage der unabhängigen Justiz in Polen. Und den Deutschen wird wieder unterstellt, die Polen bei jeder Gelegenheit übervorteilen und demütigen zu wollen.

2014, als überall in Europa an die Opfer und Folgen des Ersten Weltkriegs erinnert wurde, brach erneut ein Krieg aus. Die Kämpfe in der Ostukraine haben Zehntausende Menschenleben gekostet und mehr als einer Million Menschen die Heimat genommen. Im Rückblick stellt sich allerdings die Frage, warum man in den westlichen Hauptstädten von dem russisch-ukrainischen Krieg, dem die Annexion der Halbinsel Krim durch Moskau unmittelbar vorangegangen ist, völlig überrascht worden ist, an erster Stelle in Berlin die Bundesregierung. Bedeutet dieser Krieg nicht auch eine schwere Niederlage der bundesdeutschen Ostpolitik? Warum hat das Auswärtige Amt unter Frank-Walter Steinmeier die Absichten des Kremls so völlig falsch eingeschätzt?

Seit dem Zerfall der Sowjetunion Ende 1991 zielte die deutsche Ostpolitik auf eine Stabilisierung Osteuropas ab, namentlich zu den europäischen Nachfolgestaaten der UdSSR bauten deutsche Institutionen und Firmen intensive Beziehungen auf, die wirtschaftliche Entwicklung dieser Länder wurde gefördert, keineswegs uneigennützig: Die ehemaligen Sowjetrepubliken waren ein gewaltiger Markt, der zu erschließen war. Sorgfältig achteten die Bundesregierungen darauf, die beiden größten postsowjetischen Staaten, Russland und die Ukraine, nicht gegeneinander auszuspielen.

Das Budapester Memorandum von 1994 schien die Gewähr zu bieten, dass Moskau die Interessen Kiews achtet: Die Ukraine, Belarus und Kasachstan überließen Moskau die auf ihren Territorien stationierten Atomwaffen, von denen der allergrößte Teil verschrottet werden sollte. Im Gegenzug verpflichteten sich die Russen, die Souveränität sowie die Unversehrtheit der Grenzen der neuen Staaten zu respektieren und auch keinen wirtschaftlichen Druck auf sie auszuüben. Als Garantiemächte unterzeichneten die USA und Großbritannien das Abkommen, China und Frankreich gaben zusätzlich Garantieerklärungen ab.

Trotz mancher Spannungen funktionierten die Beziehungen zwischen den beiden ehemaligen Sowjetrepubliken zunächst, beide waren füreinander der jeweils größte Außenhandelspartner. Ein Großteil der russischen Elite betrachtete zwar die Ukraine als Teil der Einflusssphäre Moskaus, doch behauptete sich die Führung in Kiew selbstbewusst.

Die westlichen Staaten stellten die Weichen, um beide Länder in die internationalen Wirtschaftsstrukturen einzubinden. Dabei aber wurde in der zweiten Hälfte der neunziger Jahre von der Bundesregierung die große Chance vertan, mit einem europäisch-russisch-ukrainischen Projekt diese Anbindungen zu stärken: Die Planer der Bundeswehr waren damals zum Ergebnis gekommen, dass der Luftwaffe strategische Transportflugzeuge fehlten. Ein solches Flugzeug boten die Antonow-Werke in Kiew an, die An-70. Es war eine von russischen und ukrainischen Ingenieuren gemeinsam realisierte Weiterentwicklung eines bewährten sowjetischen Transporters. Die Elektronik der An-70 hätte westlichen Standards angepasst werden müssen, was überschaubare Kosten mit sich gebracht hätte. Doch die Bundesregierung beugte sich der von Paris unterstützten Airbus-Lobby. Die Entwicklung des Pannenflugzeugs Airbus A400M verschlang dann Milliarden, Ende nicht abzusehen. Zudem nahm Antonow dem Konkurrenten Airbus einen Teil des anvisierten Marktes ab.

Die russisch-ukrainische Kooperation, wie sie sich bei Antonow bewährt hatte, geriet indes nach 2000, nachdem Wladimir Putin die Macht übernommen hatte, immer mehr ins Stocken. Putin stellte rasch klar, dass er die Dominanz im postsowjetischen Raum beanspruchte. Dabei ignorierte er, dass sich in der Ukraine längst ein starker Patriotismus Bahn gebrochen hatte, der auch die große Mehrheit der russischsprachigen Bevölkerung erfasste. So äußerte er gegenüber George W. Bush: „Die Ukrainer sind gar keine Nation." Altbundeskanzler Helmut Schmidt wiederholte diesen Satz, ein weiteres seiner kuriosen Fehlurteile zu Osteuropa. Putin behauptete sogar: „Russen und Ukrainer sind ein Volk, das aber derzeit in zwei Staaten leben muss."

Doch Umfragen und vor allem Wahlergebnisse zeigten, wie sehr Putin und auch Schmidt die Lage falsch einschätzten: Anfang

2014, wenige Wochen vor der Annexion der Krim, bezeichneten sich im russischsprachigen Donbass knapp 85 Prozent der von Meinungsforschern Befragten als Ukrainer. Im Alltag der Hauptstadt Kiew überwog zunächst eindeutig das Russische, doch bekamen dort Politiker, die für eine Annäherung an die EU eintraten, bei Wahlen zusammengenommen stets mehr als 80 Prozent der Stimmen.

Für Putin gilt jedoch offenbar die Gleichung: russischsprachig gleich Russe. In Wirklichkeit verhält es sich im postsowjetischen Raum nicht anders als in den deutsch- oder französischsprachigen Ländern: Sprache und Nationalität sind verschiedene Dinge. So erscheinen die großen Wiener oder Züricher Zeitungen auf Deutsch, doch ihre Redakteure sind keine Deutschen. Die Einwohner von Lüttich, Genf und Monaco sprechen Französisch, doch würden sie Versuche der Regierung in Paris, sie unter ihren Schutz zu stellen, empört zurückweisen. Nicht anders war es bei der überwältigenden Mehrheit der russischsprachigen Ukrainer im Osten des Landes.

Ihr Patriotismus zeigte sich auch beim Fußball, der populärsten Sportart in der Ukraine. Schon zu Sowjetzeiten prägte die Rivalität zwischen den Moskauer Clubs und den ukrainischen Spitzenvereinen die Meisterschaften; der KGB machte die inoffiziellen Fanclubs in der Ukraine als „Nester des Nationalismus" aus. Seit dem Zerfall der Sowjetunion wurden Siege der ukrainischen Nationalelf auch in den russischsprachigen Millionenstädten Odessa, Charkiw und Donezk bejubelt, ebenso wie Niederlagen der russischen Elf.

Vor 2014 war die Sprachenfrage kein größeres Konfliktthema. Bei Talkrunden im ukrainischen Fernsehen wechselte man ganz selbstverständlich zwischen beiden Sprachen. An der Donezker Universität war das Journalistik-Institut nach dem ukrainischen Dichter und Dissidenten Wassyl Stus benannt, der als Kämpfer gegen die Russifizierung seiner Heimat im Gulag gestorben war. Russisch und Ukrainisch, das erst im 19. Jahrhundert zur Literatursprache wurde, unterscheiden sich etwa so wie das Deutsche und das Niederländische, also erheblich. Russische Nationalisten verunglimpfen das Ukrainische als primitiven Bauerndialekt.

Erst recht hat nicht der Gegensatz zwischen lateinischer und kyrillischer Schrift das Land gespalten; mit dieser Behauptung hatte Erhard Eppler die Versuche Moskaus gerechtfertigt, die russischsprachigen Gebiete unter Kontrolle zu nehmen. Ukrainisch wird nämlich ebenfalls mit kyrillischen Buchstaben geschrieben. Streit ums Alphabet gab es dagegen in Moldawien, da hat Eppler, einst Vordenker der SPD, der wortgewaltig Putins Version von dem Konflikt verteidigte, die beiden Länder schlicht miteinander verwechselt. Fünf der sechs Staatspräsidenten der unabhängigen Ukraine kamen aus russischsprachigen Familien. Doch ausnahmslos haben sie alle in ihrer Geschichtspolitik die eigenen politischen Traditionen der Ukrainer betont, die sich erheblich vom russischen Staatsverständnis unterscheiden.

„Kiew ist die Mutter der russischen Städte", sagen dagegen Politiker in Moskau. Allerdings liegt diesem Schlagwort ein Missverständnis zugrunde: Das Zitat stammt aus der mittelalterlichen Nestorchronik, gemeint ist die Kiewer Rus, das im zehnten Jahrhundert entstandene Reich am Dnjepr, auf das sich heute sowohl Russen als auch Ukrainer berufen. In der Linguistik hat sich die Erkenntnis durchgesetzt, dass Rus vom Altnordischen *ruotsi* (Ruderer) stammt. *Russki* bezeichnete demnach ursprünglich die Waräger mit ihren Drachenbooten, ein Wikingervolk, das ein Netz von Handelsplätzen bis zum Schwarzen Meer unterhielt.

An die Kiewer Rus erinnert der Dreizack im Nationalwappen der Ukraine, der einst Herrschaftssymbol ihrer Fürsten war. Die Nationalfarben blau und gelb stammen dagegen aus der Zeit des freien Kosakentums im 16. und 17. Jahrhundert. Es war eine Form direkter Demokratie, ihr Anführer, der Hetman (abgeleitet vom deutschen „Hauptmann"), wurde gewählt. Die „Kosakenfreiheit" wurde gewaltsam von den Zaren beendet, die ihr Reich weiter nach Süden ausdehnten. Die russische Geschichtsschreibung nennt die Unterwerfung der Kosaken „Vereinigung der Brudervölker", ukrainische Historiker aber beklagen das Ende ihres ersten urdemokratischen Staatswesens.

Im 19. Jahrhundert gewann die Idee von der ukrainischen Nation in einem eigenen Staat immer mehr Anhänger, so wie auch bei Tschechen und Slowaken, im geteilten Polen, bei den drei baltischen Völkern. Doch die Gründung eines ukrainischen Staates nach dem Ersten Weltkrieg scheiterte. Das Gebiet um Lemberg (Lwiw), das seit den Teilungen Polens Ende des 18. Jahrhunderts zur K.-u.-k-Monarchie gehört hatte, kam nach heftigen Kämpfen wieder zu Polen, die Zentral- und die Ostukraine wurden zur Teilrepublik der UdSSR. Doch dort widersetzten sich die Bauern der Kollektivierung. Moskau erhöhte das Abgabesoll für die Ernten und blockierte gleichzeitig die Lebensmittelversorgung. Eine Hungersnot brach aus, bei der Anfang der dreißiger Jahre mehrere Millionen Menschen umkamen. Der Hungertod, der *Holodomor*, wobei der Anklang des ukrainischen Wortes an Holocaust gern hingenommen wird, wurde zum zentralen Ereignis im kollektiven Gedächtnis der Ukrainer – und die Schuld wird Moskau zugeschrieben.

Hingegen ist die ukrainische Gesellschaft bei der Bewertung der Roten Armee im Zweiten Weltkrieg gespalten: Für die Bewohner der Ostukraine und des jüdisch geprägten Odessa waren sowjetische Partisanen und Rotarmisten Helden, die für ihre Freiheit gekämpft haben; für die Westukrainer, die überwiegend der Unierten Kirche, einer katholischen Gemeinschaft mit östlichem Ritus, angehören, waren sie dagegen die Vertreter eines Regimes, das ihnen neue Unfreiheit, sogar den Tod gebracht hat. Nach dem Einmarsch der Roten Armee in der damals zu Polen gehörenden Westukraine im September 1939 errichtete der NKWD dort ein Terrorregime, das nicht nur die dort lebenden Polen, sondern auch die Ukrainer ins Visier nahm: Massenverhaftungen und -deportationen, Exekutionen ohne Gerichtsverfahren, umfassende Enteignungen, Zwangsrekrutierung für die Rote Armee.

Die Folge: Nach dem deutschen Überfall auf die Sowjetunion am 22. Juni 1941 („Unternehmen Barbarossa") wurde die Wehrmacht in vielen ukrainischen Dörfern und Städten mit Blumen begrüßt. Zehntausende meldeten sich freiwillig, um die Deutschen in ihrem Krieg gegen die Sowjetunion zu unterstützen. Auch in Belarus und den besetzten Gebieten Russlands wurden die deutschen Soldaten an vielen Orten als Befreier vom stalinistischen Terror willkommen geheißen, Tausende melden sich zu den Hilfstruppen der Deutschen. Ein Teil dieser Verbände beteiligte sich später am Holocaust. Hunderttausende Ukrainer mussten allerdings Zwangsarbeit für die Deutschen leisten. Der NKWD-Terror wiederholte sich 1944, nachdem die Wehrmacht sich aus dem Gebiet hatte zurückziehen müssen, die Unierte Kirche wurde verboten, ihre Priester ermordet oder deportiert.

In Westeuropa ist dieses düstere Kapitel der Geschichte des 20. Jahrhunderts kaum bekannt, in der Ukraine aber prägt es bis heute für viele Menschen das Bild von den russischen Nachbarn. Der deutsche Blick auf die Ukraine im Krieg ist dagegen auf den Namen Stepan Bandera fokussiert. Dieser wurde zum Symbol für die Kollaboration mit dem NS-Regime – doch war die Realität weitaus komplexer. Vor dem Krieg war Bandera im damaligen Ostpolen einer der Führer der verbotenen Organisation Ukrainischer Nationalisten (OUN), wegen Beteiligung an einem Mordanschlag auf den polnischen Innenminister bekam er eine lebenslängliche Haftstrafe. Mit dem Einmarsch der Wehrmacht in Polen 1939 konnte er das Gefängnis verlassen. Unmittelbar nach dem deutschen Überfall auf die Sowjetunion kam es Ende Juni 1941 in Lemberg zu einem Judenpogrom. Bandera, ein erklärter Antisemit, war allerdings zu dem Zeitpunkt nicht in der Stadt; ob er zu den Drahtziehern des Pogroms gehörte, blieb ungeklärt. Wenige Tage später rief er die Unabhängigkeit der Ukraine aus. Daran allerdings waren die deutschen Besatzer nicht interessiert. Bandera wurde verhaftet und kam ins KZ Sachsenhausen, zwei seiner Brüder fanden in Auschwitz den Tod. Während andere Führer der ukrainischen Nationalisten von der Gestapo erschossen wurden, kam er 1944 frei; er hatte sich erboten, den Widerstand seiner Landsleute gegen die Rote Armee zu organisieren. Nach dem Krieg lebte er im Münchner Exil, wo ihn 1959 der KGB ermordete.

In rund einem Dutzend Städten und Gemeinden in der Westukraine sind in den letzten Jahren Bandera-Denkmäler errichtet worden. 2010 erklärte ihn der damalige Präsident Viktor Juschtschenko posthum zum „Helden der Ukraine", Bandera sei das Opfer zweier totalitärer Diktaturen geworden. Klug war die Entscheidung Juschtschenkos nicht, denn Bandera ist weder für die russischsprachigen Ukrainer noch die internationale Gemeinschaft als Vorbild akzeptabel.

Nach dem Holodomor sowie dem NKWD-Terror ist die Reaktorkatastrophe von Tschernobyl im Jahr 1986 das dritte Kapitel der jüngsten Geschichte, das die Ukrainer dem Kreml anlasten. Tschernobyl gab der ukrainischen Demokratiebewegung, die bislang von Moskau gnadenlos unterdrückt worden war, kräftigen Auftrieb.

Orange Revolution und Euro-Maidan

Am 1. Dezember 1991 stimmten 90 Prozent der Wähler in einem Referendum für die Unabhängigkeit der Ukraine, somit auch die große Mehrheit in den russischsprachigen Gebieten. Nach der offiziell vollzogenen Auflösung der UdSSR drei Wochen später versuchten der Kreml unter Boris Jelzin und die neue Führung in Kiew, vielerlei Streitfragen vertraglich zu regeln. Dazu gehörten die Nutzung des Kriegshafens Sewastopol auf der Krim und der Gastransit durch die Ukraine.

Während in Moskau demokratische Reformen zurückgedreht wurden, machte die Ukraine auf diesem Feld Fortschritte. So widersetzte sich Anfang des neuen Jahrtausends das Parlament erfolgreich den Vorstößen des Staatspräsidenten Leonid Kutschma, seine Kompetenzen nach Moskauer Vorbild zu erweitern. Auch unterlagen die Kiewer Medien keiner Zensur, mehrere Redaktionen berichteten ausführlich über die mutmaßliche Verstrickung Kutschmas in die Ermordung eines kritischen Journalisten, der Recherchen über Korruption im Regierungslager angestellt hatte.

Das demokratische Bewusstsein namentlich der jungen Generation in der Ukraine führte zu den Massenprotesten gegen die offenkundige Fälschung der Präsidentschaftswahl 2004 zugunsten des Regierungschefs Viktor Janukowitsch, der sich auf den Donezker Industrie- und Mafiaclan stützen konnte. Die meisten westlichen Medien bezeichneten Janukowitsch als prorussisch, doch stimmte dieses Etikett nicht: Als Premierminister hatte er zwar versucht, die Zusammenarbeit mit Moskau zu normalisieren, doch bei der Privatisierung von Industriebetrieben ließ seine Regierung russische Konzerne nicht zum Zuge kommen. Vielmehr versuchte sie, die eigenen Oligarchen mit westlichen Investoren zusammenzubringen; denn sie waren auf technologische Hilfe angewiesen und suchten überdies neue Absatzmärkte, die sie von Russland unabhängig machen sollten.

Die Medien berichteten ausführlich über Korruption und Nepotismus unter Janukowitsch. So war er für die Mehrheit seiner Landsleute bei der Präsidentschaftswahl nicht akzeptabel. In der Orangen Revolution 2004 gingen in allen Städten der Zentral- und Westukraine Demonstranten auf die Straße, um gegen die zu Gunsten Janukowitschs gefälschte Wahl zu protestieren. Putin hatte diesen im Wahlkampf offensiv unterstützt.

Eine besondere Note bekamen die Auseinandersetzungen, weil Oppositionsführer Viktor Juschtschenko im Wahlkampf Opfer eines Giftanschlags geworden war: Nach einem Essen mit Geheimdienstgenerälen erkrankte er lebensgefährlich, in einer Wiener Spezialklinik wurde er gerettet. Der Befund: Dioxin war in die Suppe gemischt worden. Im Laufe der Untersuchungen floh der Hauptverdächtige nach Russland – für die Kiewer Medien ein Beleg, dass der Kreml hinter dem Verbrechen stand.

Einige der Aktivistengruppen, die die Orange Revolution trugen, waren aus den USA finanziell unterstützt worden. Doch war das Engagement der Amerikaner bei weitem nicht entscheidend für die Entwicklungen in Kiew 2004. Denn die Orange Revolution war ein demokratischer Aufbruch, ein Massenprotest gegen das korrupte Oligarchensystem, für das Janukowitsch stand. Es war ein Fanal für die Ukraine wie für die Tschechen der Prager Frühling 1968, für die Polen der Sommer der Solidarność 1980, für die Ostdeutschen der Wendeherbst 1989. Es war auch die psychologische Emanzipation Kiews von Moskau, die Rückkehr in die große Geschichte.

Im Westen hatte es keine Konzepte gegeben, Kiew gegen Moskau auszuspielen, schon allein deshalb, weil die Stabilität des gesamten postsowjetischen Raums im Interesse sowohl der USA als auch der EU liegt: Sie ist die Voraussetzung für den Ausbau der Wirtschaftsbeziehungen. Auch hoffte man, dass eine stabile Ukraine positiv auf Russland abstrahlen würde. Allerdings hat die neue prowestliche Kiewer Führung um Präsident Viktor Juschtschenko und Premierministerin Julia Timoschenko, die durch die Orange Revolution in ihre Ämter gekommen waren, ihre Landsleute wie ihre Unterstützer im Westen zutiefst enttäuscht. Ihre Differenzen über den richtigen Reformweg wuchsen sich zu persönlichem Hass aus. Juschtschenko verlor diesen Machtkampf, er litt immer wieder unter depressiven Schüben, die Mediziner auf seine Dioxinvergiftung zurückführten.

Bei der Präsidentschaftswahl 2009 unterlag Julia Timoschenko knapp dem erneut vom Kreml unterstützten Janukowitsch. Dieser schickte sich sofort an, unter Bruch der Verfassung die Kompetenzen des Präsidenten zu erweitern. Die prowestliche Opposition war dagegen machtlos, weil sein Stab durch Druck auf Widerspenstige, darunter die Festnahme von Familienmitgliedern, die Mehrheit der Verfassungsrichter auf seine Seite gebracht hatte.

Außenpolitisch versuchte Janukowitsch einen Schaukelkurs zwischen West und Ost. Erneut blockierte seine Regierung russischen Staatskonzernen und Oligarchen die Übernahme ukrainischer Unternehmen, gleichzeitig nahm die Bedeutung Russlands als Abnehmer ukrainischer Güter weiter ab, auf rund ein Viertel der gesamten Exportbilanz. Dieser Kurs bescherte Kiew allerdings ein Dilemma: Putin versuchte nämlich, seine Anti-EU aufzubauen, die Eurasische Wirtschaftsgemeinschaft. Eine Mitgliedschaft hätte die Ukraine wieder in größere Abhängigkeit von Moskau gebracht, woran Janukowitsch nicht interessiert war. Er ließ daher Verhandlungen über eine EU-Assoziierung führen, von der sich die hinter ihm stehenden Oligarchen einen Investitionsschub aus dem Westen erhofften. Im Gegenzug ließ Putin die Einfuhr ukrainischer Waren blockieren, um Kiew unter Druck zu setzen.

Umstritten ist heute, ob Brüssel einen strategischen Fehler beging, Kiew in dieses West-Ost-Dilemma zu bringen, ob unterschätzt wurde, wie energisch Putin kämpfen würde, um die Ukraine zu destabilisieren. Nach Angaben von EU-Kommissionspräsident José Manuel Barroso hatte der Kreml allerdings während der jahrelangen Verhandlungen über das Assoziierungsabkommen keine Einwände erhoben; man habe die Russen über jeden Schritt informiert. Erst als die Verhandlungen nahezu abgeschlossen waren, verlangte der Kreml Nachbesserungen am Vertragsentwurf. Doch die lehnten sowohl Kiew als auch Brüssel mit dem Argument ab, dass die Forderungen auf ein Vetorecht der Russen hinausliefen.

Brüssel forderte während der letzten Verhandlungsrunde die Freilassung der inhaftierten Julia Timoschenko, Janukowitschs prowestlicher Rivalin. Ihr wurde vorgeworfen, als Regierungschefin einen für Kiew nachteiligen Vertrag über russische Gaslieferungen unterzeichnet zu haben. Es war eine absurde Anklage, denn das ukrainische Strafrecht sieht keine persönliche Haftung von Politikern für die Folgen von angeblich nachteiligen Abkommen vor. Als Angela Merkel sich öffentlich für Timoschenko einsetzte, verwies Janukowitsch allerdings auf die angebliche Unabhängigkeit der ukrainischen Justiz. Zweifellos erfolgreicher wäre es gewesen, wenn Emissäre Brüssels oder Berlins hinter den Kulissen eine Lösung für die Causa Timoschenko vorgeschlagen hätten, die ihn das Gesicht hätte wahren lassen. Schließlich strich Brüssel sie doch von der Problemliste, um den Weg für die Unterzeichnung des Assoziierungsabkommens im November 2013 in der litauischen Hauptstadt Vilnius freizumachen.

Wenige Tage vor dem Termin aber schockierte Janukowitsch nicht nur die EU-Politiker, sondern wohl auch das Gros seiner Landsleute: Die Verhandlungen mit Brüssel hätten doch kein günstiges Ergebnis für die Ukraine erbracht, er nehme nun Gespräche über den Beitritt seines Landes zur Eurasischen Wirtschaftsgemeinschaft auf, obwohl das Parlament in Kiew das zuvor abgelehnt hatte. Putin hatte ihm in letzter Minute einen Kredit über 15 Milliarden Dollar sowie einen Rabatt von 25 Prozent auf russisches Erdgas angeboten. Die EU hatte dagegen weitere Finanzhilfe von einschneidenden Strukturreformen, vor allem dem Aufbau einer unabhängigen Justiz, abhängig gemacht. Es war eine schwere Niederlage für Brüssel und für Berlin.

Schon drei Tage später blockierten mehr als 100.000 Demonstranten das Regierungsviertel in Kiew, um gegen Janukowitschs Ostschwenk zu protestieren. Wie bereits neun Jahre zuvor wurde der Unabhängigkeitsplatz in Kiew, der Maidan (ukrainisch: Platz), das Zentrum der Protestler, hier bauten Aktivisten wieder eine Zeltstadt auf. Immer mehr Demonstranten versammelten sich mit Europafahnen auf dem Platz, den die Aktivisten nun „Euromaidan" nannten. Doch bestimmte eine kleine Gruppe rechtsextremer Nationalisten dort zunehmend den Ton und gab den russischen Medien Anlass für eine vehemente Kampagne gegen die angeblichen Faschisten in Kiew, hinter denen der Westen stehe. Die Zusammenstöße eskalierten, nachdem die Parlamentsmehrheit ein Gesetz über die Einschränkung der Versammlungsfreiheit angenommen hatte. Die Ordnungskräfte setzten Schusswaffen ein, es zeigte sich aber auch, dass radikale Aktivisten bewaffnet waren. Im Februar 2014 gab es bei Zusammenstößen Dutzende von Toten, Heckenschützen schossen in die Menge. Bis heute ist deren Identität nicht geklärt.

Janukowitsch floh nach Russland, angeblich wurde sein Leben bedroht. Vermutlich wurde er das Opfer von Falschinformationen der Russen, die ihn dazu bewegen sollten, sich unter ihren Schutz zu stellen. Später wurde bekannt, dass in den Tagen zuvor lastwagenweise die Einrichtung aus seiner palastähnlichen Residenz bei Kiew abtransportiert worden war. So erfuhren seine Landsleute, dass er sich hemmungslos auf ihre Kosten bereichert hatte.

Annexion der Halbinsel Krim

Einen Tag nach der Flucht Janukowitschs, am 27. Februar 2014, besetzten Bewaffnete, die sich „Selbstschutz der russischsprachigen Bevölkerung" nannten, das Parlament der Krim in Simferopol. Angesichts der Maschinenpistolen der Besetzer wählten die Abgeordneten den Vorsitzenden der prorussischen Kleinpartei *Jedinstwo* („Einheit"), Sergej Axjonow, zum neuen Parlamentspräsidenten. Nach der Sitzung wurde verkündet, Axjonow sei der neue Regierungschef. Putin rühmte sich später, dass russische Spezialeinheiten die Abstimmungen überwacht hätten – er gab also unverblümt einen schweren Bruch des Völkerrechts zu. Nicht nur das Parlament in Kiew, sondern auch der *Medschlis*, die Versammlung der Krimtataren, erklärten die neue Führung für illegal.

Putin rechtfertigte den Anschluss der Krim an Russland mit historischen Argumenten: Für die Russen habe sie dieselbe Bedeutung wie der Tempelberg in Jerusalem für die Juden, auf ihr habe mit der Taufe des Fürsten Wladimir im Jahr 988 die Christianisierung Russlands begonnen. In Sichtweite des Kremls ließ er 2016 eine riesige Statue des mittelalterlichen Fürsten errichten, um dieses Argument zu untermauern. Wladimir war allerdings nicht Fürst von Moskau, damals ein kleines Bauerndorf, sondern von Kiew; somit gab Putin den Ukrainern ungewollt ein Argument für deren Ansprüche auf die Krim. Auf einer Anhöhe über dem Dnjepr in Kiew steht seit Mitte des 19. Jahrhunderts ein pompöses Wladimir-Denkmal, eine der drei Kiewer Kathedralen ist ihm geweiht, sein Konterfei prangt auf Geldscheinen – er ist ukrainischer Nationalheiliger. Historiker bezweifeln überdies, dass er jemals auf der Krim war, in mittelalterlichen Chroniken ist nämlich die Rede von seiner Taufe im Dnjepr in Kiew. Der Name des Kiewer Prachtboulevards Kreschtschatik leitet sich davon ab, *kreschtschenie* heißt „Taufe".

Der Name der Halbinsel entstand aus dem tatarischen Wort *qirim* für „Festung". Die Krimtataren sind die Nachfahren der Goldenen Horde, die, angeführt von Enkeln Dschingis Khans, die russischen Fürstentümer besetzt und zweieinhalb Jahrhunderte unterjocht hatte. 1783 ließ Katharina die Große die Halbinsel annektieren. Die Tataren wurden zu Untertanen zweiter Klasse, ihre Kultur und Sprache unterdrückt. Die Zaren ließen Bauern vor allem aus der heutigen Ukraine im fruchtbaren Nordteil der Halbinsel ansiedeln. Neben den Tataren stellten die Ukrainer somit zunächst die größte Bevölkerungsgruppe. Die Krim wurde so auch für sie ein Sehnsuchtsort, die Nationaldichterin Lessja Ukrainka widmete ihr einen Gedichtzyklus. Dagegen bauten begüterte Russen vor allem in dem Küstenstreifen um den aufblühenden Kurort Jalta ihre Sommerresidenzen. Anton Tschechow, Maxim Gorki und Iwan Bunin verfestigten in ihren Erzählungen den russischen Krim-Mythos.

Im Russischen Bürgerkrieg 1918 bis 1920 war die Krim Schauplatz erbitterter Kämpfe. Nach ihrem Sieg zerschlugen die Bolschewiken alle autonomen Strukturen, sie ermordeten oder deportierten die Führer ihrer Gegner. Die Enteignung der Bauern führte zu einer Hungersnot. Der Anteil der Russen stieg nach diesen harten Jahren dank der Ansiedlungspolitik des Kremls auf ein Drittel. Stalin ließ die Krimtataren gnadenlos verfolgen. Auch russische Historiker räumen heute ein, dass bei den Stalinschen Säuberungen rund 150.000 von ihnen umgekommen sind.

Auch auf der Krim war es zwangsläufige Folge des Terrors unter Stalin, dass im Zweiten Weltkrieg Soldaten der Wehrmacht mit Blumen als Befreier begrüßt wurden, besonders in den tatarischen und ukrainischen Dörfern. Die deutschen Besatzer ließen die orthodoxen Kirchen und die Moscheen wiedereröffnen, sie lösten die Kolchosen auf, die Bauern erhielten ihre Häuser und Felder zurück. Für diese Kollaboration nahm Stalin nach der Wiedereroberung der Krim blutige Rache. Führer der Tataren wurden umgebracht, die gesamte muslimische Bevölkerung wurde nach Sibirien und Kasachstan deportiert, rund 350 000 Personen. Schon im ersten Winter erfroren Zehntausende von ihnen. Insgesamt überlebte ein Drittel die Verbannung nicht. Stalin ließ in den Nachkriegsjahren noch mehr Russen ansiedeln, so stellten sie erstmals knapp die Mehrheit der Bevölkerung. Doch in den Agrarregionen, und damit auf dem Löwenanteil des Territoriums, wurden die Ukrainer zur größten Gruppe.

Ein Jahr nach dem Tod Stalins schloss der Oberste Sowjet der UdSSR 1954 die Autonome Sowjetrepublik Krim an die Ukrainische Sozialistische Sowjetrepublik an. Dass dieser Anschluss einer Wodkalaune des Ersten Sekretärs Nikita Chruschtschow, der ja selbst Ukrainer war, zu verdanken war, ist eine nach der Krim-Annexion verbreitete Legende, die auch gern in Deutschland als Tatsache wiederholt wird. In Wirklichkeit gaben in der „kollektiven Führung" nach Stalins Tod Russen den Ton an: Ministerpräsident Georgi Malenkow, der Vorsitzende des Obersten Sowjets Kliment Woroschilow, Außenminister Wjatscheslaw Molotow und Verteidigungsminister Nikolai Bulganin; Chruschtschow war damals nur die Nummer 5 in der Parteihierarchie. Russen stellten auch die Mehrheit in den Präsidien des Zentralkomitees und des Obersten Sowjets. Die Unterstellung der Krim unter Kiew hatte schlicht organisatorische Gründe: So waren nicht länger zwei, sondern nur eine Regionalbehörde mit der Planung von Großprojekten wie Eisenbahn- und Straßentrassen, Hochspannungs- und Wasserleitungen befasst.

So kam es, dass die Krim sich nach dem Zerfall der Sowjetunion Ende 1991 in der souverän gewordenen Ukraine fand. Wenige Monate später bestätigten auf der Halbinsel 54 Prozent der Wähler in einem Referendum die Unabhängigkeitserklärung der Ukraine, also auch ein Teil der Russen. Um den nationalrussischen Aktivisten Wind aus den Segeln zu nehmen, gab Kiew der Krim den Status einer autonomen Republik. Dies bedeutete weitgehende Finanz- und Kulturhoheit: Russisch, Ukrainisch und Tatarisch wurden gleichberechtigte Verwaltungssprachen, zumindest theoretisch. Faktisch war es das Russische allein, das auch Unterrichtssprache in 95 Prozent der Schulen blieb. Die Regierung in Simferopol wurde von Kiew subventioniert.

Bei der Volkszählung 2001 bezeichneten sich 58 Prozent der Einwohner als Russen, 25 Prozent als Ukrainer, 12 Prozent waren Krimtataren. Die meisten russischsprachigen Regionalpolitiker freundeten sich mit ihrer Lage an: Kiew mischte sich kaum in ihre Belange ein, überwies regelmäßig Millionen nach Simferopol – und schützte sie gleichzeitig vor den Begehrlichkeiten der russischen Oligarchen und des Moskauer Regierungsapparats. Traditionell gab es auf der Krim unter den einheimischen Russen starke Aversionen gegen Moskau. Man träumte nun von einer Zusammenarbeit mit internationalen Touristikkonzernen – und davon, den Gewinn daraus mit niemandem in Kiew und erst recht nicht in Moskau teilen zu müssen. Regionalpolitiker und Unternehmer auf der Krim waren an einer Beteiligung russischer Oligarchen genauso wenig interessiert wie die Industriebarone im Donbass. Sie befürchteten nämlich, dass die „Moskowiter" ihnen die Hotels, Firmen, Weinberge und Strände wegnehmen wollten. Deshalb wollte man sie sich vom Leib halten – Kiew galt als das kleinere Übel.

Diese Grundstimmung schlug sich auch bei den Wahlen zum Krimparlament 2010 nieder: Die Partei „Einheit", deren Vorsitzender Sergej Axjonow vier Jahre später Regierungschef der Krim von Putins Gnaden werden sollte, brachte ganze 4,0 Prozent der Wähler hinter sich. Die Kommunisten, die die UdSSR wiederherstellen wollten, kamen auf 7,4 Prozent. Doch die überwältigende Mehrheit der Wähler entschied sich für Parteien, die am Status Quo festhalten wollten; das Rennen machte mit knapp 49 Prozent die von ostukrainischen Oligarchen finanzierte Partei der Regionen, die sich zwar für eine Zusammenarbeit mit Russland aussprach, aber, wie ihr langjähriger Vorsitzender Viktor Janukowitsch, Moskauer Ansprüche auf die Krim energisch zurückwies und um westliche Investoren warb.

Schwer bewaffnete „grüne Männchen" zerstörten die Hoffnungen auf einen Wirtschaftsaufschwung der Krim , als sie sich in der letzten Februarwoche 2014 vor Regierungsgebäuden, an strategischen Punkten und vor den Kasernen der ukrainischen Streitkräfte auf der Halbinsel postierten. Gleichzeitig lähmten Hackerangriffe die Telefon- und Internetverbindungen der ukrainischen Behörden auf der Krim. Putin bestritt zunächst, dass es sich um russische Soldaten handelte, die Uniformen der „grünen Männchen" könne man „in jedem Supermarkt" kaufen. Zum ersten Jahrestag der „Heimkehr der Krim zum Mutterland" rühmte er allerdings ganz offen die „gelungene Operation" seiner Streitkräfte und verteilte Orden für diesen eindeutigen Bruch des Völkerrechts.

Später wurde überdies durch einen Hackerangriff auf das Mailkonto eines Putin-Beraters bekannt, dass die Ordensmedaillen bereits im Herbst 2013 hergestellt worden waren, also Monate vor der Absetzung Janukowitschs, die Putin als Grund für die Besetzung der Krim angeführt hatte: Er habe die „russischen Landsleute" auf der Halbinsel vor Angriffen „ukrainischer Faschisten" schützen und ein „Blutbad" verhindern müssen.

Zweieinhalb Wochen nach der Besetzung des Krim-Parlaments waren die Einwohner der Halbinsel in einem Referendum aufgefordert, über den Anschluss an die Russische Föderation zu entscheiden. Tataren und einheimische Ukrainer riefen zum Boykott auf; doch wurden sie auf Plakaten als Nachkommen von NS-Kollaborateuren gebrandmarkt: „Der Faschismus darf nicht durchkommen!" Das nun von Moskau gesteuerte Regionalfernsehen warnte vor „ukrainischen Faschisten", die die Brunnen und

Wasserspeicher vergiften wollten. Es war ein bewährtes Muster der Propaganda seit der Stalinzeit: Gegner der Politik Moskaus werden als Faschisten diskreditiert. Das galt ebenso für den auf Befehl Stalins ermordeten Revolutionär Trotzki wie für die polnische Exilregierung in London, die Auskunft über den Verbleib ihrer in Katyn ermordeten Offiziere verlangte; Stalin log, sie seien in die Mandschurei geflohen. Nach 1961 wurde die Berliner Mauer als „antifaschistischer Schutzwall" gerechtfertigt.

Das offizielle Ergebnis des Referendums entsprach in keiner Weise dem bisherigen Wahlverhalten der Bevölkerung: Bei einer Beteiligung von 83 Prozent hätten sich 96,8 Prozent für den Anschluss an Russland ausgesprochen. Die UNO-Vollversammlung erklärte das Referendum für illegal: Bei 58 Enthaltungen stimmten 100 Staaten für die entsprechende Resolution und nur elf dagegen, darunter solche Musterdemokratien wie Kuba, Syrien, Nordkorea und Belarus – alle anderen ehemaligen Sowjetrepubliken erkannten das Referendum nicht an. Besonders schmerzlich für Putin: Auch die Chinesen unterstützten ihn nicht, sie enthielten sich der Stimme. Die Volksrepublik China war ja eine der Garantiemächte des Budapester Memorandums, in dem Moskau die Unversehrtheit der Staatsgrenzen im postsowjetischen Raum anerkannte. Auch die OSZE und der Europarat stellten fest, dass es sich um ein irreguläres Referendum handelte. Überraschend protestierte auch Janukowitsch aus seinem russischen Exil gegen die Annexion der Krim sowie die Versuche Moskaus, den Donbass von der Ukraine abzuspalten. Er wurde unmittelbar danach von jeglichem Kontakt zu den Medien abgeschnitten.

Wenige Tage nach der Abstimmung auf der Krim unterlief dem von Putin eingesetzten Rat für Menschenrechte in Moskau ein schwerer Fehler: Er stellte versehentlich eine interne Analyse auf seine Webseite. Darin hieß es, dass die Beteiligung am Referendum lediglich zwischen 30 und 50 Prozent gelegen habe. Nur eine knappe Mehrheit, nämlich zwischen 50 und 60 Prozent, habe für den Anschluss an Russland gestimmt. Nach diesen Zahlen, die schnell wieder von der Webseite verschwanden, stimmten also in Wirklichkeit nur zwischen 15 und 30 Prozent der

Wahlberechtigten der Annexion zu. Ungeachtet dieser Informationen behaupteten auch bundesdeutsche Politiker, sowohl aus der Linken und der SPD als auch der AfD, dass in dem offiziellen Ergebnis des Referendums „der authentische Wille einer großen Mehrheit" zum Ausdruck gekommen sei. Der frühere brandenburgische Ministerpräsident Matthias Platzeck (SPD), der Vorsitzende des Deutsch-Russischen Forums, ging noch einen Schritt weiter: Er forderte die internationale Staatengemeinschaft auf, den schweren Bruch des Völkerrechts durch den Kreml zu legalisieren.

Krieg im Donbass

Kurz nach der Annexion der Krim blockierten bewaffnete Gruppen Verwaltungsgebäude und Verkehrsknotenpunkte in den überwiegend russischsprachigen Industriebezirken Donezk und Luhansk ganz im Osten der Ukraine. Moskau sprach von lokalen Freiheitskämpfern, was sich rasch als Lüge herausstellte. So besetzten Bewaffnete in der Industriemetropole Charkiw irrtümlicherweise die Oper und nicht die Stadtverwaltung. Kiew schickte Militär in die angeblich abtrünnigen Regionen. Doch trafen die Soldaten auf heftigen Widerstand, die angeblichen Freiheitskämpfer verfügten über schwere Waffen, die nicht aus ukrainischen Beständen stammten.

Die Scharmützel weiteten sich schnell zu einem Regionalkrieg aus, bei dem Kampfhubschrauber, Panzer und Artillerie zum Einsatz kamen. Während die Ukrainer Charkiw und die Hafenstadt Mariupol schnell wieder vollständig unter ihre Kontrolle brachten, konnten sich die Milizen dank der massiven Unterstützung durch russische Truppen in Donezk und Luhansk behaupten. Ganze Ortschaften in der Ostukraine versanken in Schutt und Asche, die Zahl der Toten ging in die Tausende, Hunderttausende flohen aus ihrer Heimatregion.

Verlassen hat die Region auch der vielmalige Fußballmeister Schachtar Donezk. Erst zog er nach Lemberg ganz im Westen des Landes um, dann nach Charkiw – und gewann seitdem fünfmal die ukrainische Meisterschaft und viermal den Pokal. Das Los des Klubs ist ein weiteres Beispiel für den ukrainischen Patriotismus auch in russischsprachigen Regionen.

Im ersten Kriegssommer 2014 eroberte die ukrainische Armee weite Gebiete zurück. Der Kreml warf daraufhin weitere, ebenfalls nicht gekennzeichnete Truppen in die Gefechte auf ukrainischem Boden. Der Bundesregierung liegen genaue Informationen über die eingesetzten Verbände vor, doch wird vermieden, dies öffentlich anzusprechen, obwohl Moskauer Politiker frank und frei den Einsatz russischer Soldaten im Donbass zugegeben haben. Diese hätten Urlaub genommen, um für die Freiheit ihrer Landsleute zu kämpfen. Allerdings verbietet das Wehrpflichtgesetz der Russischen Föderation Einsätze für fremde Streitkräfte, zudem müssen sich Soldaten Auslandsreisen genehmigen lassen.

Der Einsatz russischer Bodentruppen belegt, wie sehr sich Putin in der Lageanalyse geirrt hatte: Offenkundig ging er davon aus, dass die russischsprachigen Bürger der Ukraine nichts sehnlicher wünschten, als den Anschluss ihrer Heimatregionen an Russland. Die Zahlen zeigen ein anderes Bild: In Umfragen haben sich in den Jahren vor dem russisch-ukrainischen Krieg lediglich rund 15 Prozent der Einwohner der Ostukraine für einen Anschluss ausgesprochen. Auch die regionalen Fernsehsender, die in der Hand von Oligarchen waren, hatten immer wieder Position gegen Moskau bezogen. So strahlten sie Serien und Spielfilme über tapfere Kosaken aus, die sich den Zaren widersetzten.

Wie die Krim war auch der Donbass auf Subventionen aus Kiew angewiesen. Gleichzeitig war die Zentralregierung zu schwach, um die Oligarchen der Region zu korrekten Steuerzahlungen zu zwingen. Im Donbass-Netzwerk aus Politikern, Konzernherren und Mafiosi sah man daher ein schwaches Kiew eindeutig als kleineres Übel gegenüber einem starken Moskau an. So dachte nicht nur die regionale Elite, sondern auch die Mehrheit der Bevölkerung, wie sämtliche Wahlergebnisse belegen.

Diese weit verbreitete Stimmung ist der Grund, warum die „Volkswehr", die die Führer der sogenannten Separatisten aufgestellt haben, nur geringe Unterstützung im Donbass fand. Der Söldnerführer Igor Girkin, der es im russischen Militärgeheimdienst GRU bis zum Oberst gebracht hatte, klagte: „Kaum 1000 Leute haben sich im ganzen Donbass gefunden, um für ihre Freiheit zu kämpfen." Girkin war am 17. Juli 2014 am Abschuss einer Passagiermaschine beteiligt, die mit 298 Personen an Bord auf dem Weg von Amsterdam nach Kuala Lumpur, der Hauptstadt Malaysias, war, für ihn wurde ein internationaler Haftbefehl ausgestellt. Untersuchungen unabhängiger Experten zufolge wurde das Flugzeug von einer Luftabwehrrakete getroffen, die eine russische Einheit abgeschossen hatte. Aus abgehörten Gesprächen, die niederländische Ermittler auswerteten, geht hervor, dass dabei die Befehlskette nach Russland reichte.

Girkin bestätigte 2017, dass reguläre russische Kontingente den Krieg in der Ostukraine führten. Er beschuldigte auch die Führung in Moskau, für den wirtschaftlichen Niedergang der neuen „Volksrepubliken" verantwortlich zu sein. Die Abgesandten der russischen Regierung hätten die Region „ausgeraubt", „Banditen" hätten den Donbass unter Kontrolle gebracht und plünderten ihn weiter aus. Seine Aussagen decken sich mit Berichten des Hohen Kommissars der UNO für Menschenrechte, nach denen in der Kriegsregion russische Milizen eine Terrorherrschaft errichtet haben, in der Entführungen, Erpressungen, Folterungen und Hinrichtungen an der Tagesordnung sind.

Der russische Militäreinsatz in der Ostukraine traf die EU-Kommission ebenso wie die Bundesregierung völlig unerwartet. Als die Gefechte im vollen Gang waren, äußerte Außenminister Steinmeier in kleinen Kreis, dass er von den Russen persönlich schwer enttäuscht sei, er sei bei Gesprächen über die Ukraine immer wieder belogen worden. Steinmeier erkannte erst jetzt, dass Putin in keiner Weise an der Stabilisierung der Ukraine interessiert war, sondern stattdessen versuchte, die EU-Politik zu konterkarieren.

Altgediente deutsche Diplomaten beklagten in Hintergrundgesprächen, dass Steinmeier auch bei Verhandlungen hinter verschlossenen Türen mitunter genauso umständlich und verquast mit vielerlei bürokratischen Floskeln redete wie vor den Fernsehkameras, so dass seine Gesprächspartner mitunter seine Absichten überhaupt nicht verstanden hätten.

Die Verwirrung auf deutscher Seite belegte auch ein Aufruf, der in mehreren überregionalen Medien erschien, als der Krieg in der Ostukraine bereits seit Monaten tobte. Er begann mit den Sätzen: „Wieder Krieg in Europa? Nicht in unserem Namen!" Zu den Initiatoren gehörten die frühere Grünen-Politikerin Antje Vollmer und Helmut Kohls einstiger außenpolitischer Berater Horst Teltschik, zu den Unterzeichnern mehrere frühere Spitzenleute der SPD, darunter Gerhard Schröder, Erhard Eppler, Otto Schily und Hans-Jochen Vogel, aus der ersten Reihe der CDU kam lediglich Altbundespräsident Roman Herzog. Begeisterte Zustimmung fand der Aufruf bei der Partei „Die Linke", aber auch in den Reihen von AfD und NPD.

Die beiden Hauptthesen darin lauteten, dass das „Sicherheitsbedürfnis" Russlands legitim sei, die Annexion der Krim sowie die Auseinandersetzungen in der Ostukraine seien Folge einer verfehlten Politik des Westens, die auf eine Ausgrenzung Russlands abgezielt habe. Oskar Lafontaine warf im Namen der „Linken" gar den USA, die in keiner Weise an der militärischen Konfrontation beteiligt waren, „Kriegstreiberei" in der Ukraine vor. Doch der Ukraine wollte seine Partei ebenso wie manche altgedienten SPD-Genossen, darunter Eppler und Platzeck, kein Sicherheitsbedürfnis zugestehen.

Wegen der offenkundigen Urheberschaft Moskaus an dem Konflikt beschlossen sowohl die USA als auch die EU Sanktionen gegen Russland. Sie erstreckten sich vor allem auf Banken, deren Zugang zu den internationalen Finanzmärkten stark eingeschränkt wurde, sowie auf Erdölunternehmen, für die der Ankauf westlicher Technologieprodukte blockiert wurde. Später wurde gezielt über Personen aus dem russischen Regierungsapparat sowie die Führer der beiden „Volksrepubliken" Donezk und Luhansk ein Einreiseverbot verhängt.

Im Sommer 2014 handelte die OSZE in der belarusischen Hauptstadt Minsk einen Waffenstillstand aus. Doch praktische Bedeutung hatte das auf Initiative der Regierungen in Berlin und Paris ausgehandelte Abkommen Minsk I nicht. Eine weitere Verhandlungsrunde führte zu Minsk II, dieses Abkommen hatte indes einen grundsätzlichen Konstruktionsfehler: Es akzeptierte

Putins Darstellung, dass Russland keine Konfliktpartei sei, obwohl die Regierungen in Berlin und Paris vielerlei Beweise für die Beteiligung russischer Truppen und Geheimdienstkader hatten. Auch wurde der Waffenstillstand nicht eingehalten. Seitdem gab es nur ganz wenige Tage, an denen die Waffen schwiegen. In jeder Jahresbilanz waren Hunderte von Toten zu beklagen. Es wurde offensichtlich, dass Moskau den Konflikt jederzeit eskalieren lassen kann, während die OSZE keine Instrumente hat, einen Waffenstillstand durchzusetzen. Putin beharrt darauf, die westlichen Staaten sollten Wahlen in den „Volksrepubliken" anerkennen, die aber die OSZE-Kritierien für freie Wahlen nicht erfüllen würden.

Angela Merkel setzte sich in der EU für die Beibehaltung der Sanktionen ein. Trotz aller Klagen deutscher Wirtschaftsunternehmen hatten die Sanktionen aber nur wenig Einfluss auf den Osthandel. Eine Delle bei den Umsätzen hatte es bereits 2013 gegeben, eine Folge des Verfalls des Ölpreises und nicht des Anwachsens der Spannungen zwischen Moskau und Kiew. Ab 2017 stiegen die Umsätze wieder, obwohl die Sanktionen nicht aufgehoben worden sind. SPD-Politiker sprachen sich mehrmals für deren Ende aus, beginnend mit Platzeck. Auch Steinmeier meinte, Russland würde dann zum Mitwirken an einer Lösung animiert. Die heftigen Proteste von russischer Seite belegen allerdings, dass die Sanktionen durchaus wirksam sind.

Die Widersprüche in der Politik der Bundesregierung, die sich in den unterschiedlichen Positionen Merkels und Steinmeiers offenbarten, vergrößerten das Misstrauen der östlichen Nachbarn gegenüber Berlin, vor allem in Polen und im Baltikum. So kam angesichts des Widerstands von SPD und Grünen gegen die Selbstverpflichtung der Nato-Staaten, zwei Prozent des Bruttoinlandsprodukts für Verteidigung aufzuwenden, die linksliberale *Gazeta Wyborcza* zum Schluss: „Die Deutschen werden uns im Krisenfall allein lassen!"

In Warschau stimmten auch die proeuropäischen Oppositionsparteien einer Erhöhung des polnischen Verteidigungshaushalts zu. Nicht anders war es in den drei baltischen Republiken. Deren Regierungen baten überdies um die Entsendung von Nato-Truppen, um ein Zeichen gegen Moskau zu setzen. Als die Bundeswehr im Rahmen dieses Nato-Programms ein kleines Kontingent nach Litauen schickte, kam Kritik ausgerechnet von Außenminister Steinmeier: „Säbelrasseln" werde die Konflikte mit Moskau nicht lösen. Platzeck verglich die Stationierung deutscher Soldaten gar mit dem Russlandfeldzug Hitlers. Nicht nur in Tallinn, Riga und Vilnius, sondern auch in Warschau war man überaus irritiert über diese Äußerungen, sie haben dem Ansehen der Bundesrepublik bei den östlichen Verbündeten nicht wenig geschadet.

Auch die Ukraine hat nach den verheerenden Niederlagen im Sommer und Herbst 2014 ihre Streitkräfte aufgerüstet und mit amerikanischer Hilfe modernisiert. Allerdings hat der Krieg in der Ostukraine auch dazu geführt, dass Tausende junge Männer in das westliche Ausland emigriert sind, um auf diese Weise der Wehrpflicht und möglichen Einsätzen im Kriegsgebiet zu entgehen. Entgegen vielfach geäußerten Befürchtungen hat der Krieg nicht zu einer Dominanz nationalistischer Gruppierungen in Kiew geführt, sondern zu einer weiteren Demokratisierung des Landes. Die EU erreicht Sympathiewerte von über 80 Prozent, nur rund zehn Prozent betrachten sie negativ; auch überwiegen mittlerweile die Befürworter eines Nato-Beitritts deutlich – beides Werte, die vor 2014 unvorstellbar waren.

Putins Politik war somit für ihn kontraproduktiv, Moskau hat erheblich an Einflussmöglichkeiten in Kiew verloren. Auch wirtschaftspolitisch hat sich die Ukraine weitgehend unabhängig gemacht: Nur noch zehn Prozent ihrer Exporte gehen nach Russland. Vor allem aber werden die beiden Konfliktzonen – Krim und Donbass – Moskau langfristig enorm belasten. Die Sanktionen haben internationale Investoren verschreckt. Die Subventionierung der Krim wird Milliarden verschlingen, gleichzeitig aber wird ihre Annexion Grund für den Westen bleiben, Sanktionen aufrechtzuerhalten. In den maroden und teilweise zerstörten Donbass werden keine Mittel aus Kiew oder dem Westen fließen, so lange dort russische Truppen stehen. Stattdessen wird er ein weiteres abschreckendes Symbol für die Nachbarschaftspolitik Moskaus bleiben.

Dieser Krieg war also in jeder Hinsicht sinnlos. Es steht zu befürchten, dass nun auf Generationen zwischen den ostslawischen Brudervölkern, den Russen und Ukrainern, Feindschaft herrschen wird. Hinzu kommt, dass die Führungen der westlichen Staaten jegliches Vertrauen in Putin verloren haben. Dass der Kreml das Budapester Memorandum, das auch die Verbreitung von Atomwaffen einschränkte, zur Makulatur gemacht hat, dürfte überdies nach einer Analyse der OSZE nicht nur künftige Abrüstungsverhandlungen blockieren, sondern zu einer weiteren Aufrüstungswelle führen, auch in den Schwellenländern.

Der Krieg um die Industrieregionen der Ostukraine steht noch mehr als die Annexion der Krim für das Scheitern der von Schröder und Steinmeier proklamierten Sicherheitspartnerschaft mit Russland. Seine schwerwiegenden Fehleinschätzungen gestand der mittlerweile zum Bundespräsidenten gewählte Steinmeier indirekt 2020 auf der Münchner Sicherheitskonferenz ein, als er über die Politik Putins sagte: „Russland hat militärische Gewalt und gewaltsame Verschiebung von Grenzen auf dem europäischen Kontinent wieder zum Mittel von Politik gemacht." Putin blieb unbeeindruckt, er ließ 2021 mehr als 100.000 Soldaten an der Grenze zur Ukraine aufmarschieren.

Wie in keinem anderen Industrieland wird in Deutschland über den Klimawandel debattiert. Die Abschaltung der Kohle- und Atomkraftwerke ist beschlossene Sache. Erdgas aus Sibirien soll den Übergang zur klimaneutralen Stromerzeugung vor allem durch Sonne und Wind absichern. Doch die deutsch-russische Gaspipeline durch die Ostsee wird von allen Nachbarn abgelehnt, weil sie Moskau die Möglichkeit gibt, auf die Energieversorgung mehrerer EU-Staaten Einfluss zu nehmen. Auch trägt die deutsche Energiewende bislang keineswegs europaweit zur Verringerung des Schadstoffausstoßes bei. Da sie gleichzeitig zu den höchsten Strompreisen in der EU geführt hat, stieß das Konzept bislang unter den Nachbarn auf wenig Gegenliebe.

„Die strategische Planung der Wiederherstellung der Mineralrohstoffbasis einer Region unter den Bedingungen der Herausbildung von marktwirtschaftlichen Beziehungen (St. Petersburg und Leningrader Gebiet)". So lautet der Titel der Doktorarbeit von Wladimir Putin, die 1997 vom Bergbauinstitut St. Petersburg angenommen wurde. Dreimal geriet diese Dissertation in den Fokus der internationalen Medien. Das erste Mal, nachdem Putin im Jahr 2000 überraschend die Nachfolge Jelzins angetreten hatte. Es fiel auf, dass Putin dem Export von Erdöl und Erdgas große Bedeutung bei der Durchsetzung außenpolitischer Ziele zuschrieb. Voraussetzung dafür sei, dass der Energiesektor wieder vollständig unter staatliche Kontrolle komme. Es war eine deutliche Absage an die unter Jelzin eingeleitete Privatisierung des Sektors nach dem Vorbild der USA und der westeuropäischen Staaten.

Das zweite Mal berichteten die Medien 2005 über die Dissertation. Es wurde nämlich entdeckt, dass ungefähr vier Fünftel des zentralen Kapitels aus der russischen Übersetzung eines Standardwerks zweier Professoren der Universität Pittsburgh ohne Quellenangabe abgeschrieben und Diagramme sowie Tabellen daraus kopiert worden waren. Es wurde bezweifelt, dass Putin überhaupt der Autor gewesen sei. Der hatte sich nämlich nie mit dem Thema befasst; er erfüllte auch nicht die formalen Voraussetzungen für einen Doktortitel der Bergbauakademie, zu denen ein abgeschlossenes Studium in einem der dort gelehrten Fächer gehörte. Seit den Publikationen über das mutmaßliche Plagiat war diese Dissertation nicht mehr in den Bibliotheken einzusehen. 2018 bestätigten mehrere Zeitzeugen, die mittlerweile im Ausland lebten, diese Version: Der Verfasser der Dissertation Putins sei sein Doktorvater gewesen. Der Kremlchef habe als Gegenleistung dafür gesorgt, dass dieser Professor Rektor des Bergbau-Instituts geworden sei.

Als Präsident setzte Putin die Darlegungen des Textes über den Rohstoffexport als politisches Druckmittel dann Schritt für Schritt um. Es war eine klare Abkehr von dem früheren Kurs Moskaus in der Energiepolitik, bei dem eine Konfrontation mit den Handelspartnern im Westen vermieden wurde.

Bereits Ende der fünfziger Jahre, noch unter Bundeskanzler Adenauer, hatte die deutsch-sowjetische Kooperation bei der Förderung russischen Erdgases und Erdöls begonnen. Adenauer hatte die Weichen dafür 1955 mit seiner Reise nach Moskau gestellt, bei der er auch den sowjetischen Parteichef Nikita Chruschtschow dazu bewegen konnte, den letzten deutschen Kriegsgefangenen die Rückkehr in ihre Heimat zu erlauben. Die sowjetischen Wirtschaftsplaner hatten erkannt, dass ihre Industrie nicht in der Lage war, die benötigten Maschinen zu produzieren. Sie setzten deshalb auf die westdeutsche Industrie: Sie sollte die Pumpstationen und die Röhren für die Pipelines liefern. Erstes Großprojekt war die Ölpipeline *Druschba* (Freundschaft), beteiligt war daran die DDR. Dass westdeutsche Firmen einen Großteil der Bauteile lieferten, wurde im Ostblock verschwiegen, ebenso wie der Einsatz von Zwangsarbeitern beim Bau. Die westdeutsch-sowjetische Zusammenarbeit musste jedoch bald wieder eingestellt werden: Angesichts der Kubakrise hatte das Weiße Haus unter Präsident John F. Kennedy entsprechenden Druck auf die Bundesregierung ausgeübt.

Doch Ende der sechziger Jahre hatte sich das weltpolitische Klima gewandelt. Obwohl Washington an dem Embargo für Güter der Hochtechnologie festhielt, blockierten die USA nicht länger die Kooperation zwischen Bonn und Moskau, die mit der Ostpolitik Willy Brandts einherging. Der Rohstoffexport bescherte dem Kreml gewaltige Deviseneinnahmen, ein beträchtlicher Teil von ihnen wurde für die Modernisierung der Streitkräfte verwendet. Auf diese Weise wurde die Sowjetunion zur militärischen Supermacht. Dafür nahm man allerdings gewaltige ökologische Verwüstungen in den Fördergebieten in Kauf.

In der zweiten Hälfte der siebziger Jahre musste US-Präsident Jimmy Carter enttäuscht zur Kenntnis nehmen, dass die Führung in Moskau zwar von Entspannung und Frieden redete, aber in mehreren Ländern der Dritten Welt mit militärischer Gewalt prosowjetische Regime installierte. Vergeblich bemühte sich Carter, Bundeskanzler Helmut Schmidt von der Notwendigkeit eines Wirtschaftsembargos zu überzeugen, um die sowjetische Expansion einzudämmen. Schmidt förderte trotz der Invasion der Sowjetarmee in Afghanistan den weiteren Ausbau der Wirtschaftsbeziehungen. Wie schon im Falle der Volksrepublik Polen, der Schmidt einen Milliardenkredit vermittelt hat, werfen ihm heute Historiker sowohl aus den USA als auch den ehemaligen Ostblockstaaten vor, auf diese Weise das Sowjetregime stabilisiert zu haben. Die Westdeutschen hätten durch die Abnahme russischen Gases faktisch die sowjetische Hochrüstung mitfinanziert, die wiederum dazu geführt habe, dass auch die Nato-Staaten, die Bundesrepublik eingeschlossen, ihre Verteidigungsetats hätten aufstocken müssen. Ein Embargo hätte hingegen den Kreml gezwungen, das Wirtschaftssystem umzustrukturieren und das Land zum Westen hin zu öffnen – so wie dies Gorbatschow später versuchte.

Wie aus den Politbüro-Protokollen hervorging, führte nicht zuletzt der Verfall der Preise für Erdgas und Erdöl zum neuen Kurs Gorbatschows. Die Administration des US-Präsidenten Ronald Reagan hatte nämlich die saudi-arabische Führung überzeugen können, die Ölförderung massiv zu steigern; beide Län der unterstützten bereits gemeinsam den afghanischen Widerstand gegen die sowjetischen Besatzer. In der Folge verfielen die Weltmarktpreise drastisch, Moskau fehlten fest eingeplante Milliarden an Devisen.

Neben der amerikanischen Drohung, die eigenen Streitkräfte mit Hochtechnologiewaffen auszustatten, denen die sowjetische Rüstungsindustrie nichts entgegenzusetzen hatte, setzte somit dieser Preisverfall den Kreml so unter Druck, dass er seine bisherige Konfrontationspolitik aufgeben musste. Allerdings ließ sich der Kurswechsel, den Gorbatschow vollzog, nur mühsam umsetzen. Das Wirtschaftssystem war nämlich nie nach den Bedürfnissen der Bevölkerung, sondern stets nach denen des Militärs und des Repressionsapparats ausgerichtet worden, noch im europäischen Wendejahr 1989 verschlangen diese rund ein Drittel des sowjetischen Staatsbudgets. Die sowjetische Hochrüstung lähmte die Entwicklung der Wirtschaft und hielt einen Großteil der Bevölkerung in Armut.

Es war Gorbatschow, der das Erdgas erstmals als politisches Druckmittel einsetzte: 1990 ließ er der Sowjetrepublik Litauen, deren Parlament für die Wiederherstellung der staatlichen Unabhängigkeit gestimmt hatte, den Gashahn zudrehen. Genutzt hat es nicht: Die Litauer wurden vielmehr in ihrem Widerstand gegen Moskau bestärkt.

Nach der Auflösung der Sowjetunion Ende 1991 führten das innenpolitische Chaos sowie die Verteilungskämpfe im Rohstoffsektor zu einem Rückgang der Fördermengen, bei Erdöl um fast die Hälfte, während die Weltmarktpreise weiter sanken. Dies war einer der Gründe, warum Russland 1998 seine Auslandsschuld nicht mehr begleichen konnte und faktisch bankrott war. Bei der Rubelkrise verlor zum zweiten Mal seit der Inflation während der Perestroika ein Großteil der Bevölkerung die Ersparnisse. Als knapp zwei Jahre später Putin in den Kreml einzog, nahm er den Rohstoffsektor ins Visier, damit dieser nie wieder die gesamte Volkswirtschaft aus dem Lot bringen könnte.

Doch damit begnügte er sich nicht: Er versuchte, die ehemaligen Sowjetrepubliken über den Rohstoffexport unter Druck zu setzen, weil er sie wieder fester an Moskau binden wollte, und fand dabei einen Verbündeten im Westen – Bundeskanzler Gerhard Schröder. Wichtigstes Instrument wurde dabei das Projekt einer Pipeline durch die Ostsee, die den Gastransit durch die Ukraine und Polen überflüssig machen soll. Schröder bestritt hartnäckig, dass ihr politisch-strategische Bedeutung zukomme. Doch hat er mit seinem Zusammengehen mit Putin die EU gespalten wie kein anderer Bundeskanzler vor ihm. Nur der italienische Premier Silvio Berlusconi nannte Putin ebenfalls seinen Freund und unterstützte die Expansion von Gazprom.

Viele führende Sozialdemokraten sahen in dem Projekt mit dem kuriosen deutsch-englischen Namen Nord Stream naiv ein Friedensprojekt, das an die Ostpolitik der Ära Brandt/Bahr anknüpft. Auch die rotgrüne Bundesregierung setzte sich über die Bedenken der westlichen Verbündeten hinweg – und erst recht über die Proteste aus Polen. Der damalige grüne Außenminister Joschka Fischer kritisierte später das Projekt scharf – nach seinem Ausscheiden aus der aktiven Politik; als Minister aber hatte er die Kritik aus anderen EU-Staaten daran nicht ernst genommen und somit seinen Anteil an dem großen Riss, der sich wegen des Projekts bis heute durch die EU zieht.

Die Idee klang gut: Das deutsch-russische Pipelineprojekt sichert der Bundesrepublik die Versorgung mit Erdgas, mittelfristig der einzige Energieträger, der als Ersatz für die Kohleverstromung mit ihren hohen Schadstoffemissionen sowie für den Atomstrom in Frage kommt. Die Reaktionen aus den anderen EU-Staaten waren eindeutig: Der von Schröder propagierte „deutsche Weg" bedeutete das Ende der proeuropäischen Politik Helmut Kohls, der stets auf Bedürfnisse und Empfindlichkeiten der Nachbarn Rücksicht genommen hatte – durchaus auch im nationalen Interesse, weil die Wahrnehmung der Deutschen als freundliche Nachbarn der deutschen Exportwirtschaft nützte.

Schröder war dieses Denken fremd, und offensichtlich war es ihm egal, dass er sich seinen Ruf nachhaltig ruinierte: Nicht nur, dass er wenige Tage nach seiner Niederlage bei der Bundestagswahl 2005 eine Kreditgarantie der Bundesregierung für Nord Stream durchsetzte, obendrein wurde er kurz nach der Übergabe des Kanzleramts an seine Nachfolgerin Angela Merkel Vorsitzender des Aktionärsausschusses, der einem Aufsichtsrat nach deutschem Recht entspricht.

Energisch wies Schröder Kritiker zurecht, die vor den wesentlich höheren Kosten einer Seepipeline – mindestens doppelt so viel wie Modernisierung und Ausbau der bereits bestehenden Anlagen über Land – sowie den Umweltrisiken für die Ostsee warnten. Ebenso ignorierte er Warnungen, dass das Projekt die Ukraine schwächen sollte. Sie war bislang die Drehscheibe für den Export von Erdgas aus Russland und Mittelasien nach Westen, 80 Prozent liefen über ihr Territorium, die Transitgebühren brachten Kiew Milliarden an Devisen ein, auf die das Staatsbudget dringend angewiesen war. Der Gastransit war für die Führung in Kiew auch eine Garantie, dass die Abnehmerländer, vor allem Deutschland, an der politischen Stabilität der Ukraine interessiert sein mussten.

Gaskrieg um die Ukraine

Nach dem Zerfall der Sowjetunion hatten Moskau und Kiew sich zunächst auf Bartergeschäfte zur Begleichung der ukrainischen Schulden für russisches Erdgas geeinigt. Allerdings war von Anfang an umstritten, welche Preise die Grundlage für diesen Tauschhandel sein sollten. Ebenso waren die Transitgebühren für den Export russischen Gases an die Abnehmer im Westen, vor allem in der Bundesrepublik, ein Dauerstreitthema. Wiederholt wurden die Lieferungen in die Ukraine unterbrochen. Moskau gab jedes Mal als Grund Zahlungsrückstände Kiews an.

Nach dem Amtsantritt Putins nahm die Spannungen zwischen Moskau und Kiew erheblich zu. Erstmals warfen die Russen den Ukrainern vor, heimlich Gas aus den Pipelines abzuzapfen. Doch an einer Untersuchung durch unabhängige ausländische Spezialisten zeigte sich Moskau nicht interessiert. Westliche Diplomaten schließen nicht aus, dass die russischen Klagen über den ukrainischen Gasklau Teil einer von langer Hand geplanten Kampagne zur Diskreditierung Kiews waren, Fake News. Allerdings waren die Firmenstrukturen auf ukrainischer Seite damals überaus intransparent, mehrere Oligarchenclans konkurrierten um die Kontrolle der lukrativen Branche, oft im Zusammenspiel mit russischen Partnern. Hinzu kam, dass ukrainische Firmen einen Teil des von Gazprom mit Rabatt bezogenen Erdgases zu Weltmarktpreisen weiterverkauften. Die russische Seite fühlte sich dadurch wenigstens teilweise zu recht übervorteilt und wollte diese Praxis unterbinden.

Auslöser für den ersten russisch-ukrainischen „Gaskrieg" war indes die Orange Revolution zur Jahreswende 2004/5. Die vom neuen prowestlichen Präsidenten Viktor Juschtschenko berufene Premierministerin Julia Timoschenko schickte sich an, die intransparenten Geschäftsbeziehungen zwischen ukrainischen und russischen Oligarchen im Energiesektor zu entflechten. Dadurch wurden allerdings die Möglichkeiten Moskaus eingeschränkt, auf die Energiepolitik der EU Einfluss zu nehmen.

Gazprom kündigte ohne Vorwarnung die Verträge mit Kiew, als Grund wurde wieder der ukrainische „Gasklau" angegeben. Westliche Diplomaten kamen in ihren Analysen dazu nicht zu eindeutigen Ergebnissen, doch berichteten die Experten, dass die russische Seite ihnen die Untersuchung erheblich erschwert habe, während die Ukrainer sich kooperativ gezeigt hätten. Da sich beide Seiten nicht auf eine Neuregelung verständigen konnten, wurde vom 1. Januar 2006 an kein russisches Gas mehr in die Ukraine geleitet; somit kam es auch zu Lieferengpässen in mehreren mitteleuropäischen Staaten.

Dank der Vermittlung der EU einigte man sich bereits nach drei Tagen auf ein neues Abkommen; es sah eine annähernde Verdopplung des Gaspreises vor. Juschtschenko gewann diesem neuen Vertrag eine positive Seite ab: Die ukrainische Industrie und die Privathaushalte seien nun gezwungen, endlich wirksame Sparmaßnahmen zu ergreifen. Mit Förderung der EU wurde erstmals ein System zur Messung des Privatverbrauchs durchgesetzt, das die Installierung von Gasuhren in Millionen Wohnungen vorsah. Zu Sowjetzeiten hatte es keine individuellen Gasrechnungen gegeben; auch war Industriegas so stark subventioniert worden, dass die Unternehmen keinen Anlass sahen, damit effizienter umzugehen.

Doch der Konflikt war damit nicht gelöst, Moskau drehte immer wieder am Gashahn. Der Kreml drang energisch auf die Übernahme des ukrainischen Pipelinenetzes durch Gazprom. Juschtschenko schlug stattdessen ein Konsortium vor, an dem zu je einem Drittel Gazprom, die Ukraine sowie Konzerne aus der EU, an erster Stelle bundesdeutsche, beteiligt sein sollten. Doch fand er für diesen Vorschlag, der den Konflikt möglicherweise dauerhaft entschärft hätte, keine Unterstützung in Berlin.

Der 2005 zum Außenminister aufgestiegene Frank-Walter Steinmeier, der zuvor Chef des Kanzleramtes unter Schröder war, setzte stattdessen darauf, dass Russland durch das von ihm verkündete Konzept „Annäherung durch Verflechtung" zum stabilisierenden Faktor in Osteuropa würde. Dabei ignorierte er Warnungen aus dem eigenen Ministerium: Seinem Konzept fehle die grundlegende Voraussetzung, nämlich eine unabhängige Rechtsprechung in Russland, auf die sich auch ausländische Investoren verlassen könnten.

Mit ihrer Zustimmung zur Pipeline Putins hat die Bundesregierung – erst unter Schröder, dann unter Merkel – die Beziehungen zu Polen und den baltischen Republiken schwer belastet. Alle großen Parteien Polens von rechts bis links hatten sich einmütig dagegen ausgesprochen. Warschau warnte vor dem Projekt, weil es dem Kreml erheblichen wirtschaftspolitischen Einfluss nicht nur in der Ukraine, sondern auch in der Europäischen Union bieten, die Reformbemühungen der jungen ukrainischen Demokratie untergraben und dem traditionellen russischen Imperialismus Auftrieb geben würde.

Radek Sikorski, damals Verteidigungsminister der ersten PiS-Regierung, verwies 2006 auf die historischen Erfahrungen seines Landes mit Vereinbarungen zwischen Moskau und Berlin seines Landes: „Das ist die Tradition des Ribbentrop-Molotow-Pakts." Sikorskis Hinweis auf den Pakt, der 1939 die Aufteilung Polens unter Nazi-Deutschland und der Sowjetunion besiegelte, zeigte, wie sehr die deutsch-russische Kooperation auf Kosten der Ukraine die Polen beunruhigte. Denn es gehört zu ihrer Staatsräson, die Ukraine zu stärken, damit das russische Imperium nicht wiederentstehen kann. Aus diesem Grunde lehnte Warschau auch den Vorschlag aus Berlin ab, sich an dem Projekt zu beteiligen.

Doch in der Bundesrepublik wurden die polnischen Bedenken schlicht ignoriert. Steinmeier verkannte, dass die Polen ernsthaft besorgt waren, er verortete das Problem im psychologischen Bereich. Deshalb schickte er einen Emissär an die Weichsel, der einen Handel vorschlug: Die SPD werde das Zentrum gegen Vertreibungen Erika Steinbachs blockieren, falls Warschau den Widerstand gegen Nord Stream aufgebe. Steinmeier hatte nicht begriffen, dass beides für die Polen inakzeptabel war, in diesem Punkt herrschte Konsens zwischen sämtlichen Parteien.

Moskau gab dem Misstrauen der Polen weitere Nahrung. Der polnische Ölkonzern Orlen bewarb sich 2006 um den Kauf der Raffinerie Mazeikiu in Litauen. Auch der russische Konzern Lukoil zeigte sich interessiert. Während der Verhandlungen wurde auf russischer Seite die einzige nach Mazeikiu führende Ölpipeline wegen angeblicher Reparaturarbeiten geschlossen, in der Raffinerie selbst brach ein Großbrand aus. Schon damals wurde spekuliert, dass es sich um einen Brandanschlag gehandelt habe und die Russen auf diese Weise Orlen zum Rückzug veranlassen wollten, um anschließend selbst die Anlage zu einem geringeren Preis zu übernehmen. Zudem blieb die russische Pipeline dauerhaft geschlossen, da Moskau nicht an der Wirtschaftsentwicklung der abtrünnigen baltischen Republiken interessiert ist. Von Wikileaks später veröffentlichte Dokumente bestätigen die Mutmaßungen über einen Anschlag der russischen Geheimdienste. Die Litauer ließen sich aber nicht erpressen, sie bauten ihr Ölterminal aus, so dass Mazeikiu heute vor allem Erdöl aus dem Nahen Osten raffiniert.

Energisch warb Jarosław Kaczyński, der damalige polnische Regierungschef, sekundiert von den drei baltischen Republiken, für eine gemeinsame Linie der EU-Staaten in der Energiepolitik, er propagierte das Motto der drei Musketiere: „Einer für alle, alle für einen!" Das Weiße Haus unter George W. Bush und die französische Regierung unterstützten diesen Vorschlag. Doch wieder blockierte hier die Bundesregierung: Steinmeier schwebte eine Energie-OSZE vor – unter ausdrücklicher Einbeziehung

Russlands. Weder konnten ihn die Osteuropa-Experten des Auswärtigen Amtes davon abbringen noch die Regierungschefs der osteuropäischen EU-Mitglieder; deren Hinweise auf zahlreiche Vertragsbrüche Moskaus etwa bei den Gaslieferungen in die Ukraine oder bei der Versorgung der litauischen Raffinerie Mazeikiu interpretierte er offenkundig als hysterische Überreaktion.

Da die Polen Steinmeier für naiv hielten und russischen Zusagen nicht trauten, bauten sie die Kohleförderung aus, Kohlekraftwerke decken drei Viertel ihres Energiebedarfs. Bei Ostwind wehen die Emissionen nach Deutschland. Auch die Ukraine erhöhte ihre Kohleförderung in den Jahren vor dem Krieg um den Donbass beträchtlich und modernisierte ihre Atomkraftwerke. In Polen werden das erste AKW und sechs weitere Kohlekraftwerke geplant.

Nach langem Zögern griff die EU-Kommission in den Konflikt ein, in dem Deutschland allein einer Front ehemaliger Ostblockstaaten gegenüberstand, die aktiv zunächst von den Schweden, später auch den Franzosen und Briten unterstützt wurden. Die Kommission befand, dass der Bau einer parallelen Pipeline unter dem Namen Nord Stream 2 für die Energieversorgung der EU-Staaten überflüssig sei. Überdies laufe es dem *Green Deal* zuwider, dem Plan, die EU in ihrer Gesamtheit bis 2040 klimaneutral zu machen.

Auch das Europa-Parlament kritisierte das Projekt, das es Gazprom ermöglichen würde, den Transit über die Ukraine zu umgehen. Doch die Bundeskanzlerin verteidigte es, obwohl längst offenbar geworden war, dass das Steinmeiersche Konzept von der „Annäherung durch Verflechtung" endgültig gescheitert war: Der Ausbau der deutsch-russischen Wirtschaftsbeziehungen hat Moskau nicht davon abgehalten, unter Bruch des Völkerrechts militärisch gegen die Ukraine vorzugehen. Merkel wiederholte die Worte Schröders, dass dem Pipelineprojekt ausschließlich wirtschaftliche Kriterien zugrunde lägen. An der Weichsel war man schockiert, die exzellente Reputation Merkels in Polen und im Baltikum erlitt schweren Schaden. Donald Tusk, ihr treuester Verbündeter in der EU, der sonst öffentliche Kritik an ihr vermied, erklärte dazu: „Nord Stream 2 war ihr größter Fehler."

Die Kanzlerin scheiterte auch damit, Putin zu einer Garantieerklärung zu bewegen, dass tatsächlich auch in Zukunft russisches Gas über die ukrainischen Pipelines gepumpt werde. Der Kremlchef erklärte 2021 sogar, Gazprom werde in Zukunft diese Pipelines nur beliefern, wenn Kiew darauf verzichte, die Einnahmen aus den Transitgebühren in den Verteidigungshaushalt fließen zu lassen.

Die Festhalten Berlins an Nord Stream 2 auch nach Ausbruch des russisch-ukrainischen Kriegs führte zu erheblichen Spannungen mit Washington. Sowohl die Republikaner unter Trump, als auch die Demokraten im Weißen Haus, erst Obama, dann Biden, betrachteten die deutsch-russische Kooperation im Energiesektor mit größter Skepsis. Vertreter Washingtons wurden deutlich: Putin finanziere nun, wie seinerzeit schon Breschnew, mit den Einnahmen aus dem Rohstoffexport die Hochrüstung seiner Streitkräfte. Politiker aus den osteuropäischen EU-Staaten, aber auch aus Skandinavien und Großbritannien meinen sogar, dass die russische Aggression gegenüber der Ukraine eine logische Folge der Schwächung Kiews durch Nord Stream sei, und machen so die Deutschen mitverantwortlich für die Konflikte um Krim und Donbass. Nord Stream 2 erlaube es den Russen, die Ukraine anzugreifen, ohne dass die Gasversorgung der Kunden in der EU gefährdet würde.

Überdies ist die Abhängigkeit der Deutschen von Russland bei fossilen Brennstoffen in den letzten beiden Jahrzehnten beträchtlich gestiegen; russische Firmen halten an rund der Hälfte der großen Erdgasspeicher in der Bundesrepublik Anteile. Die Verteidiger von Nord Stream halten dem entgegen, dass die Amerikaner eine Kampagne gegen das russische Erdgas führten, weil sie ihr eigenes Fracking-Gas nach Europa verkaufen wollten.

Das Weiße Haus zog in Sachen Nord Stream mit der EU-Kommission in Brüssel an einem Strang – gegen Berlin. Aus mehreren EU-Ländern wurde die Bundesregierung gedrängt, wenn sie schon nicht auf Nord Stream verzichten wolle, so die Pipeline doch als Argument in die Verhandlungen um die Beendigung der militärischen Konfrontation im Donbass einzubringen, die eine wirtschaftliche Erholung der Ukraine und somit ihre politische Stabilisierung verhindert. Doch Berlin ging auch auf diesen Vorschlag nicht ein. Überraschend gab Angela Merkel 2019 zu, dass Nord Stream durchaus auch ein politisch motiviertes Projekt sei. Noch klarer drückte es wenig später Bundestagspräsident Wolfgang Schäuble aus: „Die Sichtweise unserer östlichen Nachbarn übergangen zu haben, gehört nicht zu den Glanzpunkten deutscher Politik und hat viel Vertrauen zerstört.» Es war ein Eingeständnis, dass der „deutsche Weg" Schröders in der Rohstoffversorgung die gerade von den Deutschen ausgegebenen Parolen zur Einheit und Vertiefung der EU konterkariert hat.

Umweltsünden der russischen Partner

Ganz offensichtlich lag der widersprüchlichen Russlandpolitik Berlins nicht eine Strategie zugrunde, sondern ein Kompromiss zwischen den Christdemokraten und den Sozialdemokraten: Angela Merkel misstraute Putin. In der SPD wird die Ostpolitik Willy Brandts verklärt, als deren Bestandteil auch das große Erdgas-Röhren-Geschäft unter Breschnew gepriesen wird. So wie man damals in der SPD die Augen vor dem sowjetischen Imperialismus verschloss, besteht heute in der Partei die starke Tendenz, Putins autoritäres Regime und seine imperialistischen Ambitionen kleinzureden. Zweifellos ist einer der Gründe für die unkritische Haltung vieler deutscher Sozialdemokraten im traditionellen Antiamerikanismus der deutschen Linken zu suchen. Der Kompromiss in der Großen Koalition bestand darin, dass die CDU unter Merkel nicht Nord Stream 2 verhinderte und die SPD zwar Unbehagen über die nach der Krim-Annexion über Moskau verhängten Sanktionen äußerte, sie aber letztlich nicht blockierte – wobei das eine das andere aufhob, wie die Partner in Nato und EU zu Recht monierten.

Dagegen hatten die bundesdeutschen Grünen klar Front gegen Nord Stream gemacht. Sie kündigten an, als Regierungspartei nach den Bundestagswahlen 2021 die Betriebsgenehmigung für den zweiten Strang der Pipeline zu blockieren. Ihre Argumentation war moralisch: Im Russland Putins würden Menschenrechte massiv verletzt, sexuelle Minderheiten verfolgt, auf Regimekritiker wie Alexander Nawalny würden sogar Mordanschläge verübt.

Kaum zur Sprache kam in dem Konflikt um russisches Erdgas und Erdöl indes, dass Russland einer der größten Klimasünder der Erde ist. Bei den Emissionen von Treibhausgasen liegt es an vierter Stelle nach China, den USA und Indien. Auf den Öl- und Gasfeldern im Norden Russlands, für die riesige Flächen an Naturlandschaften vernichtet werden, entweichen Unmengen an schädlichen Gasen ungefiltert in die Luft, wenn Rückstände abgefackelt werden. Methan dringt aus undichten Industrieanlagen, die russischen Pipelines haben einen Methanschlupf von rund 2,5 Prozent. Umweltschützer führen an, dass die Investitionen für Nord Stream nicht nur gereicht hätten, die Überlandpipelines für die zusätzlichen Gasmengen auszubauen, sondern auch, die bestehenden einer Generalüberholung zu unterziehen, so dass sich der Schadstoffausstoß deutlich verringert hätte.

Auch steigen Unmengen an Methan aus den auftauenden Permafrostböden auf. Für Meteorologen steht seit langem fest, dass die Frostböden von essentieller Bedeutung für das Erdklima sind, ähnlich wie die Regenwälder am Äquator. Gleichzeitig werden die sibirischen Wälder immer weiter abgeholzt, besonders in China ist der Bedarf an Bauholz enorm. Dorthin geht auch der Löwenanteil des russischen Kohleexports; die russische Kohleförderung, die der Staat subventioniert, soll laut den Moskauer Plänen in den nächsten anderthalb Jahrzehnten um bis zu 50 Prozent zunehmen.

Hinzu kommt, dass Russland den größten Anteil des geförderten Erdgases ins Ausland verkauft. Für den Energiebedarf der Industrie im eigenen Land werden deswegen Kohlekraftwerke ausgebaut oder neu gebaut, die über wenig effektive Filteranlagen verfügen. Je mehr russisches Gas ins Ausland gepumpt wird, desto mehr steigt CO_2 aus der Verfeuerung russischer Kohle über der Taiga auf. Die Ökobilanz des deutsch-russischen Erdgasgeschäfts ist verheerend negativ. Ungeachtet dessen werben die Partnerfirmen von Gazprom mit dem „sauberen Erdgas".

Dem Kreml kann nicht an einem Rückgang des Gas- und Ölexports gelegen sein, weil sonst die Devisen für die Finanzierung von Putins Supermachtträumen fehlen würden. Der Export fossiler Rohstoffe deckt rund 40 Prozent des russischen Staatshaushalts. Dass Russland durch die Fokussierung auf Rohstoffe und Militär den Anschluss an die Technologieentwicklung verliert, ist für ihn offenkundig nachrangig. Völlig ins Hintertreffen geraten ist das Land beim Ausbau erneuerbarer Energiequellen, der Anteil von Sonnen- und Windenergie liegt bei ganzen 0,15 Prozent. Russische Umweltschützer werfen der Bundesregierung vor, mit dem Erdgasgeschäft nicht nur zur massiven Schädigung der Umwelt in den Fördergebieten beizutragen, sondern auch von Moskau den Druck zu nehmen, die regenerative Stromerzeugung fördern zu müssen.

Wie zu Sowjetzeiten blockieren finanzielle Interessen eine effektive Umweltpolitik. Zwar hat das Umweltministerium in Moskau einen Strafkatalog für die Emission schädlicher Gase und die Einleitung giftiger Stoffe in Gewässer erstellt. Doch die Geldbußen sind so niedrig, dass die Unternehmen sie in Kauf nehmen, anstatt das Vielfache für Filteranlagen auszugeben, ganz abgesehen davon, dass die Aufsichtsbehörden sich oft korrumpieren lassen und Verstöße gegen die Umweltgesetze ignorieren. Unnachsichtig werden dagegen Umweltschützer verfolgt, die die Folgen für die Gesundheit der Bevölkerung anprangern; die russischen Ableger internationaler Organisationen wie Greenpeace gelten als „ausländische Agenten". Repressionen waren die Verfasser einer Greenpeace-Studie ausgesetzt, nach der die Kosten für die Instandsetzung der schadhaften russischen Ölpipelines knapp drei Viertel des Reingewinns der Betreiber ausmachen würden; da derartige Investitionen auch Mindereinnahmen für den Staat bedeuten würden, unterbleiben sie.

Dabei leidet auch Russland unter dem von Menschen verursachten Klimawechsel: Überschwemmungen und Waldbrände ungekannten Ausmaßes suchen das Land in immer kürzeren Intervallen heim. Noch vor drei Jahrzehnten bedeckte ganzjährig gefrorener Boden annähernd die Hälfte des russischen Territoriums. Die Infrastruktur in diesen Regionen trug dem Rechnung: Es mussten keine Fundamente für Verkehrswege und Siedlungen angelegt werden. Nun sinken immer mehr Straßen und

Häuser im weichen Untergrund ein. Putin beklagt einerseits die dramatischen Folgen des Klimawandels für Russland, andererseits sieht er aber auch Vorteile: Dadurch entstehe an der Nordküste Russlands eine nahezu ganzjährig befahrbare Seeroute von Skandinavien nach Ostasien, für die man neue Hafenstädte bauen könne.

Die Beteiligung von deutschen Konzernen an der Förderung fossiler Rohstoffe in Russland stärkt das System Putin, das bislang kein Interesse an der Stabilisierung des Weltklimas gezeigt hat. Vielmehr betreibt es einen forcierten Raubbau an den natürlichen Ressourcen. All diese Prognosen und Lageberichte sind auch in den anderen europäischen Hauptstädten bekannt. Dass die Deutschen ihre Abhängigkeit von russischem Erdgas weiter vergrößert haben, verwirrt oder empört die Bündnispartner.

Dagegen möchte kein anderes EU-Land der Energiewende folgen, die den Deutschen die höchsten Strompreise in Europa beschert, aber bislang keine spürbare Verringerung des Ausstoßes von Treibhausgasen bewirkt hat. Während die Franzosen mit Atomstrom die deutschen Lücken bei Windstille füllen, setzen die Polen weiter auf Braun- und Steinkohle. Dass die Deutschen jahrelang das Kohlekraftwerk in Datteln, das modernste und sauberste der Welt, nicht ans Netz ließen, während weltweit im vergangenen Jahrzehnt mehr als tausend neue Kohlekraftwerke den Betrieb aufnahmen, hat in der internationalen Presse nur Staunen und Spott ausgelöst.

Die führenden Politiker aus den Nachbarländern in West und Ost stellen keineswegs in Frage, dass der Klimawandel vor allem von Menschen gemacht ist und der Ausstoß von Treibhausgasen dringend verringert werden muss. Doch sie werfen durchweg den Deutschen Alleingänge aus egoistischen Motiven vor sowie auch in der Klimapolitik ein Wunschdenken. Die Begeisterung vieler Deutscher für die junge Schwedin Greta Thunberg erinnert manche ausländischen Kommentatoren an die naive Gorbimanie vor dreieinhalb Jahrzehnten, der eine romantische Friedenssehnsucht zugrunde lag. Nicht unbemerkt blieb, dass die deutsche Presse nur sehr sparsam über Thunbergs Lob für Atomstrom berichtete.

So spaltet der „deutsche Weg" bei der Energieversorgung, den Schröder/Fischer eingeschlagen und Merkel/Steinmeier fortgesetzt haben, die Europäer zutiefst. In der Gesamtbilanz hat er den Kritikern zufolge bislang weder für sauberere Luft und noch für ein stabileres Klima gesorgt. Auch den Frieden in Europa habe er nicht sicherer gemacht, sondern im Gegenteil unsicherer. Denn er habe dem Kreml ermöglicht, nicht nur die Ukraine anzugreifen, sondern auch die EU-Staaten zu erpressen.

JUDEN UND ANTISEMITEN

In deutschen Medien und wissenschaftlichen Zeitschriften erscheint eine wachsende Zahl von Publikationen über die Mitwirkung von Polen und Ukrainern am Holocaust. Doch wird in diesen Ländern, die im Krieg keine eigenen Regierungen hatten, darauf verwiesen, dass der Holocaust deutsche Staatspolitik gewesen sei. Den „Enkeln der Täter" unterstellt man in Warschau und Kiew, sie wollten durch das Herausstellen von Mittätern aus den besetzten Ländern die deutsche Schuld relativieren. Indem sie eine vermeintlich unzureichende Aufarbeitung des Antisemitismus bei den Nachbarn anprangerten, maßten sich die Deutschen als angeblich Geläuterte eine Position der moralischen Überlegenheit an.

Über die Vorgeschichte des Holocausts herrscht weitgehend Einigkeit unter Historikern. Die Kirchen hatten die Juden über Jahrhunderte als „Christusmörder" gebrandmarkt. Es gab dabei wenig Unterschiede zwischen katholischen, orthodoxen und auch evangelischen Christen, bei letzteren hatten sich die Ausfälle Martin Luthers gegen die Juden verhängnisvoll ausgewirkt. Auch wurden die Juden seit dem Mittelalter als Wucherer angeprangert. Im 20. Jahrhundert gab der zur Oktoberrevolution verklärte Putsch der russischen Kommunisten 1917 dem Antisemitismus eine gewaltige politische Dimension. Der „jüdische Bolschewik" wurde zum Feindbild nationalistischer Kreise vor allem in Osteuropa und später auch zum Kampfbegriff der Goebbelschen Propaganda.

Der Verbreitung des Begriffs lag zugrunde, dass ein Großteil der führenden Bolschewiken aus jüdischen Familie stammte, unter ihnen Nikolai Bucharin, Karl Radek, Grigori Sinowjew und Lew Trotzki sowie der spätere Geheimdienstchef Genrich Jagoda, der die Stalinschen Säuberungen einleitete. Sie hatten sich jedoch ausnahmslos vom Judentum abgewandt und verstanden sich als kämpferische Atheisten. Im jungen Sowjetrussland waren die jüdischen religiösen Gemeinschaften ebenfalls harten

Repressionen ausgesetzt: Synagogen wurden enteignet und zu Kultur- oder Lagerhäusern umfunktioniert, Rabbiner kamen ins Gefängnis oder in Arbeitslager. Ihren Glauben praktizierende Juden wurden ebenso wie Christen Ziel der Gottlosen-Kampagne der Bolschewiken.

Bis heute ist in russischen, polnischen oder ukrainischen Publikationen gelegentlich von „jüdischen Revolutionären" die Rede, wenn die erste Garde um Lenin gemeint ist, die Stalin später liquidieren ließ. Deutsche Forscher empfinden dies als skandalös. Der Grund für diese Differenzen ist in unterschiedlichen Definitionen des Begriffs „Jude" zu suchen: Während er im deutschen Sprachraum die Zugehörigkeit zu einer Religionsgemeinschaft sowie die kulturelle Herkunft einer Person bezeichnet, war er in der Sowjetunion eine in die Personaldokumente eingetragene Verwaltungskategorie zur Bezeichnung einer Nationalität, so wie Litauer, Weißrusse, Ukrainer, Georgier.

Auch im Polen der Zwischenkriegszeit galten Juden als eine nationale Minderheit; das bolschewistische Regime wurde als „Judenkommune" bezeichnet. Dieser Denkansatz sollte fatale Auswirkungen für viele polnische Juden während des Zweiten Weltkriegs haben. In der polnischen Rechten ist es bis heute üblich, Juden als eigene Nation zu sehen.

Wenig wird nicht nur im heutigen Russland, sondern auch in der Ukraine sowie in Polen bedacht, dass im Zarenreich namentlich junge jüdische Intellektuelle gute Gründe hatten, auf die Heilslehre von Karl Marx zu setzen. Denn diese versprach ein Ende der Diskriminierung durch die Obrigkeit, die ihren Alltag prägte. Ihnen war der Staatsdienst weitgehend verschlossen, und in der Wirtschaft gelang nur wenigen von ihnen der gesellschaftliche Aufstieg.

Nicht anders war es in Polen, das Ende des 18. Jahrhunderts Preußen, Österreich und Russland unter sich aufgeteilt hatten. Als sich die Niederlage dieser drei Teilungsmächte im Ersten Weltkrieg abzeichnete, kam die Wiedergeburt des polnischen Staates auf die politische Tagesordnung. In Warschau opponierten allerdings viele Vertreter jüdischer Organisationen offen gegen diese Bestrebungen. Grund war die Februarrevolution 1917 in Russland, die neue bürgerliche Regierung verkündete das Ende jeglicher nationalen und religiösen Diskriminierung.

Darauf richteten sich nun die Hoffnungen vieler Juden in dem Teil Polens, der bislang zum Russischen Imperium gehört hatte. Von den polnischen Nationalisten, die die staatliche Unabhängigkeit anstrebten, erwarteten sie keine Verbesserung ihrer Lage, da viele von diesen offen antisemitische Positionen vertraten. Im Warschauer Stadtrat forderten daraufhin Nationalisten eine „wirtschaftliche Einheitsfront" gegen Geschäfte und Betriebe, deren Besitzer Juden waren. Dennoch nahmen die meisten Juden die neue Obrigkeit hin.

In Lemberg (Lwiw) aber entluden sich die Spannungen im November 1918, wenige Tage nach der Proklamation der Polnischen Republik, in einem Pogrom, an dem sich ein Teil der soeben erst aufgestellten polnischen Verbände beteiligte. Mehr als 70 Menschen wurden ermordet. Viele junge, gebildete Juden setzten deshalb ihre Hoffnungen auf Sowjetrussland, das ihnen nicht nur Schutz, sondern auch große Aufstiegsmöglichkeiten zu bieten schien.

In den zwanziger Jahren nahmen diese Spannungen zwischen katholischer Mehrheit und jüdischer Minderheit in Polen zunächst ab. Marschall Józef Piłsudski, der starke Mann an der Weichsel, war in jungen Jahren aus der katholischen Kirche ausgetreten, da er eine Geschiedene heiraten wollte. Piłsudski blockierte die von nationalkatholischen Eiferern geforderten Maßnahmen gegen Juden. Doch nach seinem Tod 1935 setzten sich in Warschau Politiker durch, die in Juden einen „Fremdkörper in der Gesellschaft" sahen, wie es der Nationalistenführer Roman Dmowski formulierte. Antisemitismus war in den Augen Dmowskis und seiner Anhänger Teil der „Suche nach der polnischen Identität".

In der zweiten Hälfte der dreißiger Jahre gaben führende Politiker und Medien in Warschau die Parole aus, die Juden sollten gefälligst auswandern. Das „internationale Judentum" wurde für die damalige schwere Wirtschaftskrise verantwortlich gemacht, in der die polnische Mittelschicht verarmte. Ihnen wurde eine Karriere in Verwaltung und Armee verwehrt, in den Universitäten wurden die „Judenbänke" für Studenten aus jüdischen Familien eingeführt. Vor allem in Ostpolen kam es zu Attacken auf Geschäfte und Betriebe, es gab sogar Todesopfer.

Liberale Intellektuelle verurteilten die Angriffe auf die Juden. Scharf kritisierten sie auch den Primas der katholischen Kirche, Kardinal August Hlond, der 1936 in einem Hirtenbrief vor den Juden als „Vorhut von Atheismus, Bolschewismus und Revolution" gewarnt hatte. Weiter heißt es in dem Schreiben Hlonds: „Der jüdische Einfluss auf die Moral ist fatal, und ihre Verleger verbreiten pornographische Literatur. Es ist auch wahr, dass die Juden Betrug verüben, Wucher betreiben und mit Menschen handeln." Der Kardinal empfahl den Gläubigen, nicht bei Juden zu kaufen, bezeichnete es aber als Sünde, Juden physisch anzugreifen und ihre Geschäfte zu demolieren. Ähnliche Botschaften verbreiteten viele Kirchenblätter. Der nationalpatriotische Flügel des polnischen Episkopats strebt seit drei Jahrzehnten die Seligsprechung Hlonds an, doch haben Papst Johannes Paul II. und seine Nachfolger dieses bizarre Anliegen ignoriert.

Als die Wehrmacht im September 1939 in Polen einfiel, lebten dreieinhalb Millionen Juden im Land, mehr als zehn Prozent der Bevölkerung. Die Terrorherrschaft der deutschen Besatzer richtete sich allerdings nicht nur gegen Juden, sondern auch gegen die katholischen Polen. Für sie war als „slawische Untermenschen" der Status eines Helotenvolkes vorgesehen, das beim Aufbau des „Tausendjährigen Reiches" helfen sollte. Polen sollte als Kulturvolk vernichtet werden, die deutschen Besatzer bekämpften daher auch die polnische Intelligenz und besonders den katholischen Klerus als „Kulturträger". Mehr als 2000 Priester, darunter fünf Bischöfe, wurden von den Besatzern ermordet oder starben entkräftet in Konzentrationslagern, vor allem im KZ Dachau.

Polnische Kommentatoren weisen immer wieder darauf hin, dass in deutschen Publikationen, Unterrichtsmaterialien und auch Politikerreden das Schicksal der katholischen Polen während der Besatzung im Schatten des Holocausts steht. In der Tat werden Publikationen darüber über den kleinen Kreis von Fachhistorikern hinaus nur wenig wahrgenommen. Um so mehr empört es heute polnische Intellektuelle, wenn ihnen von deutscher Seite vorgehalten wird, sie wollten durch die Hinweise auf die brutale Unterdrückung auch der katholischen Elite die Einmaligkeit des Holocausts in Frage zu stellen. In der deutschen Publizistik hat sich dafür der Begriff „Konkurrenz der Opfer" eingebürgert. In ihm schwingt mit, dass die Deutschen sich als eine Art Schiedsrichter bei der Bewertung der Geschichte sehen und dabei den Polen vorwerfen, sich in ungebührlicher Weise als Gemeinschaft von Opfern auf eine Stufe mit den Juden stellen zu wollen. In Polen wird den heutigen Deutschen sogar unterstellt, sie führten sich wie Wächter auf, die Antisemitismus bei den Nachbarn aufzuspüren hätten.

Heftiger Streit um Jedwabne

In welchem Ausmaß die Auseinandersetzung der Deutschen mit dem Holocaust einen Schatten auf die Beziehungen zu Polen werfen kann, zeigte beispielhaft die Jedwabne-Kontroverse, die das politische Klima nachhaltig beeinflusste. Ausgelöst hatte sie der aus Warschau stammende amerikanische Soziologe Jan T. Gross mit seinem im Jahr 2000 erschienenen Buch „Nachbarn". Auf der Grundlage von Augenzeugenberichten und Dokumenten der Staatsanwaltschaft aus der Nachkriegszeit schildert es die Ermordung der jüdischen Einwohner des ostpolnischen Städtchens Jedwabne am 10. Juli 1941. Gross fasste den Inhalt in einem Satz zusammen: „An diesem Tag ermordete die eine Hälfte der Bevölkerung die andere – rund 1600 Männer, Frauen, Kinder." Die katholischen Einwohner von Jedwabne seien über ihre jüdischen Mitbürger hergefallen, hätten sie gedemütigt, gefoltert, in eine Scheune getrieben, diese dann angezündet. Eine kleine Gruppe deutscher Uniformierter, die sich an dem Tag in dem Städtchen aufhielt, habe sich darauf beschränkt, Fotos zu machen. Vor dem Pogrom hätten sie allerdings dem Stadtrat von Jedwabne erlaubt, „mit den Juden aufzuräumen".

Das Buch war ein Schock für die polnische Gesellschaft, denn nun waren Polen die Täter, nicht aber die Deutschen, denen das kommunistische Regime den Pogrom von Jedwabne angelastet hatte. Es widersprach dem Selbstbild der Polen als der „unbefleckten Nation", als dem „unschuldigen Opfer" der deutschen Besatzung. Ein Teil der Publizisten forderte nun eine schonungslose Auseinandersetzung mit dem traditionellen Antisemitismus im Lande. Andere aber sahen die Polen als „Mittäter" ungerechterweise mit dem NS-Regime in eine Reihe gestellt.

Angesichts dieser heftigen Debatte verfügte das Institut für Nationales Gedenken (IPN), eine staatliche Behörde, die Verbrechen der NS-Zeit sowie des Parteiregimes dokumentieren soll, eine Neuuntersuchung des Pogroms von Jedwabne. Das IPN wertete alle verfügbaren Berichte aus; Justizminister Lech Kaczyński, der spätere Staatspräsident, ordnete als oberster Dienstherr der Staatsanwaltschaft an, dass Archäologen und Forensiker die Stelle in Augenschein nahmen, an der die Scheune gestanden hatte.

Die Ergebnisse der Untersuchungen korrigierten das Buch „Nachbarn" in wichtigen Punkten: Im Gegensatz zu Gross' Darstellung hatten die Deutschen sehr wohl eine aktive Rolle bei dem Massenmord gespielt, es handelte es sich um Männer eines SS-Einsatzkommandos. Sie gingen dabei nach demselben Muster vor wie bei „Judenaktionen" an vielen anderen Orten in Osteuropa: Sie versprachen vor allem jungen Männern aus der Unterschicht Beute und Straffreiheit, wenn diese die Juden ermordeten. In Jedwabne nahmen Zeugenaussagen zufolge drei bis vier Dutzend Einheimische an dem Morden teil – nicht aber „die katholische Bevölkerung", die „eine Hälfte" des damals 3400 Einwohner zählenden Städtchens.

Korrigiert wurde auch die Zahl der Opfer: Es waren etwa 350. Überdies ergab die Untersuchung, dass die Information über eine Übereinkunft zwischen dem Stadtrat und den Besatzern falsch war. Es gab nämlich keinen Stadtrat mehr, die lokale Elite war in den Monaten zuvor, nachdem die Rote Armee aufgrund des Ribbentrop-Molotow-Pakts in Ostpolen einmarschiert war, von der sowjetischen Geheimpolizei NKWD inhaftiert oder gar in die Tiefen der Sowjetunion deportiert worden. Die sowjetischen Besatzer hatten auf dem Marktplatz sogar ein Lenin-Denkmal errichtet. Nach dem deutschen Vormarsch gab es in dem Städtchen keine Autoritäten mehr, die einer gewaltbereiten Gruppe unter den Einwohnern hätten Einhalt gebieten können.

Da Anstiftung zum Mord moralisch wie juristisch wie Mord bewertet wird, war Jedwabne also kein polnisches, sondern ein deutsch-polnisches Verbrechen. Doch bestätigten die Untersuchungen auch, dass damals namentlich in Ostpolen eine starke antisemitische Stimmung unter den Katholiken herrschte, die der Klerus kräftig schürte; es gab auch an anderen Orten Pogrome. Den Juden wurde unterstellt, sie seien Sympathisanten und Kollaborateure des gottlosen Sowjetregimes. Allerdings hatte nur ein kleiner Teil der jüdischen Bevölkerung in Ostpolen den Einmarsch der Roten Armee Mitte September 1939 begrüßt. Nach einem gefälschten Referendum war die Region an die Sowjetrepubliken Weißrussland und Ukraine angeschlossen worden, der NKWD führte bis zum Einmarsch der Wehrmacht Ende Juni 1941 ein hartes Terrorregime. Viele Angehörige der polnischen Führungsschicht, darunter fast alle katholischen Priester, wurden inhaftiert, ein Großteil von ihnen deportiert.

In Deutschland wurde Gross' Buch zunächst uneingeschränkt begrüßt, sowohl von rechts wie von links, was für ein Werk über ein Kapitel des Zweiten Weltkriegs wohl einmalig sein dürfte: Liberale und links orientierte Publizisten befanden, dass die Polen nun gezwungen seien, sich mit ihrem traditionellen Antisemitismus auseinanderzusetzen. In rechtsradikalen Postillen sowie den Publikationen der Vertriebenen wurde die Befriedigung darüber nicht verhehlt, dass nun auch von Polen begangene Verbrechen nicht länger verschwiegen würden; Hunderttausende von Vertriebenen hätten schließlich selbst erlebt, dass nicht wenige Polen auch Täter gewesen seien.

Die Debatte führte auch zu einem innerdeutschen Schlagabtausch, bei dem zwei klassisch linke Positionen aufeinanderprallten: Eine Gruppe von Publizisten vertrat die Auffassung, es müsse genau untersucht werden, ob der Anteil der Deutschen an dem Massenmord so marginal war, wie es Gross darstellt. Andere aber warfen seinen Kritikern vor, sie gäben nur den Nationalisten in Polen Wasser auf die Mühle, die die längst überfällige Antisemitismus-Debatte im Lande sabotieren wollten. Um Gross zu verteidigen, suchten ausgerechnet Berichterstatter der links orientierten deutschen Presse Argumente zur Entlastung der SS.

Die Warschauer Zeitungen druckten zahlreiche deutsche Artikel über Jedwabne nach. Mit Empörung wurde festgestellt, dass fast alle Autoren die Rolle des SS-Kommandos bagatellisierten oder sogar völlig verschwiegen. Dabei war die Ermordung der Juden, wie immer wieder bitter vermerkt wurde, die Politik nicht der polnischen, sondern der deutschen Regierung gewesen. Überdies wurden viele deutsche Kommentare zu Jedwabne als Belehrung interpretiert, dass die Polen doch ihre Vergangenheitsbewältigung am besten nach deutschem Vorbild betreiben sollten.

Obwohl die Kontroverse offenkundig das deutsch-polnische Verhältnis einzutrüben drohte, ließ das Auswärtige Amt in Berlin eine gute Gelegenheit verstreichen, zum Abbau der Spannungen beizutragen, nachdem Staatspräsident Aleksander Kwaśniewski angekündigt hatte, zum 60. Jahrestag des Massenmordes am 10. Juli 2001 im Namen des polnischen Volkes um Vergebung zu bitten. Keineswegs nur Nationalisten, sondern auch Vertreter eines liberalen Konservatismus wie Premierminister Jerzy Buzek, der spätere Präsident des Europa-Parlaments, lehnten allerdings den Vorstoß Kwaśniewskis ab. Sie vertraten die Auffassung, dass zwar das Verbrechen zu verurteilen sei und durchaus der Opfer gedacht werden solle. Doch eine Gedenkfeier dürfe kein Staatsakt sein, denn 1941 habe es keinen polnischen Staat gegeben. Auch die katholischen Bischöfe kamen nicht nach Jedwabne.

Dafür kam der deutsche Botschafter. Bei der Gedenkfeier stellte er sich in die Gruppe der anderen Diplomaten, deren Länder an den Ereignissen in keiner Weise beteiligt waren. Es gab keinen deutschen Kranz und keine Verbeugung vor den Opfern. Die links und liberal ausgerichtete Warschauer Presse meinte enttäuscht, eine derartige Geste im Namen der Bundesregierung als Rechtsnachfolger des NS-Regimes hätte in Polen ein positives Echo gefunden. Sie hätte den Vorwurf des nationalistischen Lagers entkräftet, die Deutschen wollten die Geschichte zu Lasten der Polen umschreiben.

Fünf Jahre später griff das Auswärtige Amt auch die Anregung nicht auf, sich zum 65. Jahrestag des Pogroms an der Gedenkfeier zu beteiligen. Ausgerichtet wurde sie von der polnischen Führung, in der die Kaczyński-Zwillinge mittlerweile die Spitzenposten bekleideten, gemeinsam mit jüdischen Organisationen und der israelischen Botschaft. Auch dies wäre eine Gelegenheit gewesen, der längst politisch wirksam gewordenen These von der systematischen deutschen Geschichtsrevision entgegenzutreten. Doch ebenso wie Joschka Fischer ließ sein Nachfolger an der Spitze des Auswärtigen Amts, Frank-Walter Steinmeier, die Chance ungenutzt, hier ein Zeichen zu setzen.

Die selektive Berichterstattung der meisten deutschen Medien über Jedwabne und das Schweigen des offiziellen Berlin gehörten zu den Hauptgründen, warum in Warschau links und liberal orientierte Publizisten, die für eine kritische Auseinandersetzung mit der eigenen Geschichte standen, in die Defensive gerieten. Es war der Wendepunkt in den historischen Debatten an der Weichsel, sie werden seitdem vom nationalpatriotischen Lager dominiert. Das gab die Parole aus, Jedwabne sei der Beleg dafür, dass die Deutschen generell die Geschichte des Zweiten Weltkrieges zu Lasten Polens verfälschen. Dieser Leitsatz ist bis heute Kernstück der Geschichtspolitik der PiS-Regierung.

In Polen gibt es durchaus viel Verständnis dafür, dass im Mittelpunkt der deutschen Aufarbeitung des Vernichtungskriegs in Osteuropa der Holocaust als einzigartiges Menschheitsverbrechen steht, stehen muss. Doch hat nach Meinung vieler Polen im kollektiven Gedächtnis der Deutschen keinen angemessenen Platz gefunden, dass es zweimal Auschwitz und auch zwei Warschauer Aufstände gab – jeweils das eine Mal als Schauplatz der Tragödie der Juden und das andere Mal der Tragödie der nichtjüdischen Mehrheit der Polen.

In der Tat kamen in das 1940 eingerichtete Konzentrationslager Auschwitz I, auch Stammlager genannt, zunächst vor allem Angehörige der katholischen polnischen Elite, später auch sowjetische Kriegsgefangene. Es war ein Arbeitslager, sein Symbol wurde der geschwungene Schriftzug „Arbeit macht frei" über dem Haupteingang. Doch wurden dort auch medizinische Experimente durchgeführt, ebenso fanden dort die Probeläufe für den Massenmord mit Zyklon B statt. Die Deutschen ermordeten bis zu 100.000 Häftlinge von Auschwitz I. Erst knapp zwei Jahre nach dem Stammlager wurde in drei Kilometer Entfernung das Vernichtungslager Auschwitz-Birkenau eingerichtet, dessen bekanntestes Bauwerk das Torhaus über dem Eisenbahngleis zur Selektionsrampe wurde. Nicht das Stammlager, sondern Auschwitz-Birkenau mit seinen Vergasungsanlagen und Verbrennungsöfen wurde Stätte des Holocaust.

Auschwitz ist der furchtbarste Ort in der langen Geschichte der Judenverfolgungen. Doch wohl die meisten Polen sehen Auschwitz als die größte Opferstätte auch ihrer eigenen Geschichte an, denn rund 300.000 der dort ermordeten Juden waren polnische Staatsbürger. Dass die Grenzen zwischen Polen und Juden keineswegs so eindeutig zu ziehen sind, wie es wohl die meisten deutschen und auch amerikanischen Publizisten tun, beweist der Fall des Kinderarztes Janusz Korczak, der als Leiter des Waisenhauses im Warschauer Judenghetto mit seinen Kindern in den Gaskammern von Treblinka starb: Korczak war Berichten von Zeitzeugen zufolge stolz darauf, dem polnischen Offizierskorps als Militärarzt anzugehören. In dem bewegenden Film von Andrzej Wajda über sein Schicksal trägt er unter seinem Arztkittel eine Offiziersjacke. Deutsche Autoren bezeichnen ihn als „jüdischen Arzt", in Polen aber gilt er als „polnischer Arzt jüdischen Glaubens".

Kontroversen um Auschwitz

Mehrmals unternahmen polnische Nationalkatholiken den Versuch, mit Aktionen darauf hinzuweisen, dass der Name Auschwitz auch für die Tragödie der nicht-jüdischen Mehrheit stehe. So wurden 1997 in einer an die Umzäunung des Stammlagers grenzenden Senke, dem Kiesplatz, Kreuze für die dort exekutierten katholischen Polen errichtet, darunter bekannte Professoren der Krakauer Jagiellonen-Universität. Dagegen protestierten internationale jüdische Organisationen. DieKreuze entehrten die Opfer der Shoah. Auch die deutsche Presse sparte nicht mit scharfer Kritik. Doch sogar liberale Kommentatoren an der Weichsel sahen darin keine antijüdische Provokation, denn Auschwitz I war nicht die Stätte des Holocausts. Den Konflikt löste schließlich der Vatikan: Johannes Paul II. setzte durch, dass die Kreuze in feierlichen Prozessionen zu Kirchen in der Umgebung gebracht wurden. An seinem Lebensabend hatte er die Aussöhnung zwischen Juden und Katholiken zu einem seiner wichtigsten Anliegen gemacht, wobei er offenbar besonders seine Landsleute im Blick hatte.

Als die deutschen Bischöfe ihren polnischen Amtsbrüdern 1995 vorschlugen, zum 50. Jahrestag der Befreiung von Auschwitz durch die Rote Armee eine gemeinsame Erklärung abzugeben, lehnten diese ab. Sie wandten dagegen ein, dass dadurch der Eindruck entstehen könne, die Polen seien mitverantwortlich für die Verbrechen von Auschwitz. Es war auch für die Polen von großer Bedeutung, dass elf Jahre später Papst Benedikt XVI. in Auschwitz auf Deutsch betete – seine Bitte um Vergebung wurde nicht nur auf die Juden, sondern auch auf die katholischen Polen bezogen. Dass der Papst in seiner Ansprache vom „missbrauchten" deutschen Volk sprach, hat ihm Kritik in der Bundesrepublik eingebracht, weil dieser Begriff die Schuld und Verantwortung der Deutschen relativiere.

Um das Gedenken an Auschwitz ist auch eine russisch-ukrainische Kontroverse entstanden: Wladimir Putin nimmt für Russland die Befreiung des KZ-Komplexes durch die Rote Armee im Januar 1945 in Anspruch. Dagegen protestierte wiederholt die Führung in Kiew. Sie führte an, dass es die Ukrainische Front war, ein Großverband der Roten Armee, der sich zu einem beträchtlichen Teil aus Ukrainern zusammensetzte. Auch Angehörige anderer Völker der Sowjetunion seien an der Befreiung von Auschwitz beteiligt gewesen, Putin begehe also Geschichtsklitterung. Der prowestliche frühere ukrainische Präsident Viktor Juschtschenko verwies zudem auf seinen Vater, der als kriegsgefangener Rotarmist ins Stammlager Auschwitz deportiert worden war. Polnische und ukrainische Historiker machen auch eine Gegenrechnung auf: Sie führen die antisemitischen Säuberungswellen unter Stalin an, der unter Putin zunehmend als großer Militärstratege glorifiziert wird.

Auch die Tatsache, dass es nicht nur einen, sondern zwei Aufstände im besetzten Warschau gab, ist zum Leidwesen der Polen

vielen Deutschen nicht präsent: Weltweit bekannt ist der Ghet-
to-Aufstand vom Frühjahr 1943, der von der SS grausam niedergeschlagen wurde. Fast anderthalb Jahre später, im Spätsommer
1944, versuchte die Untergrundarmee AK angesichts der heran-
rückenden Roten Armee, die Stadt unter ihre Kontrolle zu bringen. Der Aufstand war zwar militärisch gegen die Deutschen,
aber politisch gegen den Kreml gerichtet, denn die Polen wollten
ihre Befreiung nicht der Roten Armee zu verdanken haben. Da
Stalin dies sofort begriff, ließ er die Rotarmisten auf dem rechten
Weichselufer abwarten, während die Waffen-SS ein Blutbad unter
der Zivilbevölkerung anrichtete. Anschließend machten Pionier-
einheiten der Wehrmacht die Innenstadt dem Erdboden gleich.

Die Geschichtspolitik der Volksrepublik marginalisierte den
Warschauer Aufstand, seiner Opfer durfte nicht gedacht werden.
Nicht zuletzt deshalb spielte er im deutschen Schulddiskurs über
den Zweiten Weltkrieg nur eine untergeordnete Rolle, was in Polen seit dem Warschauer Kniefall Willy Brandts von 1970 immer wieder beklagt wurde. Schauplatz des Kniefalls war der Platz
vor dem Denkmal für die „Helden des Ghettoaufstandes". Nur
von einem Teil der polnischen Gesellschaft wurde er als aufrich-
tige Geste gegenüber allen Polen anerkannt, der andere Teil sah
ihn als Verbeugung nur vor den Juden. Allerdings gab es damals
noch kein Denkmal für die Aufständischen von 1944, zu dem
Brandt hätte gehen können.

Zwar wird nach wie vor in Polen auch kritisch über den Warschauer Aufstand diskutiert. So wird die Frage gestellt, ob das
Losschlagen einer schlecht bewaffneten Untergrundtruppe gegen
einen hochgerüsteten Gegner, der stets jeden Widerstand brutal
niedergeschlagen hatte, überhaupt Sinn hatte. In der offiziellen
Geschichtspolitik wird dieser Aspekt allerdings unterschlagen.
Das Museum des Warschauer Aufstandes erzählt von heldenhaf-
ten Kämpfen der Polen gegen einen grausamen und übermächti-
gen Gegner. Das 2004 eröffnete Museum war das wichtigste Bau-
projekt des damaligen Oberbürgermeisters Lech Kaczyński.

Als ein Jahr später die von seinem Zwillingsbruder Jarosław
geführte PiS überraschend die Parlamentswahlen gewann, prangerte die linksgrüne *Tageszeitung (taz)* diesen auf ihrer Titelseite

als Antisemiten an, vielleicht weil in der Vorstellung der Berliner Redakteure ein polnischer Nationalpatriot auch Antisemit sein musste. Das war indes ein völlig falsches Etikett. Die Kaczyńskis hatten noch während der Volksrepublik zu den Organisatoren eines katholisch-jüdischen Forums im Untergrund gehört, in dem oppositionelle Intellektuelle über die Überwindung des traditionellen Antisemitismus debattierten. Während der Jedwabne-Kontroverse hatte Lech Kaczyński, damals Justizminister, viel Anerkennung von jüdischen Institutionen für seine Bemühungen um die Aufklärung des sechs Jahrzehnte zurückliegenden Massenmordes bekommen. Als Präsident wurde er wiederholt als „Freund Israels" gewürdigt.

Die *taz* hat die falsche Etikettierung Jarosław Kaczyńskis nie richtiggestellt. Als sie wenige Monate später in der Illustration zu einer Satire die Zwillinge als Kartoffeln abbildete, sah man in der PiS-Führung dahinter ein weiteres Kapitel einer aus Berlin gesteuerten Pressekampagne, sie bei den Deutschen in Misskredit zu bringen.

Zu den Kernstücken der Geschichtspolitik Jarosław Kaczyńskis gehört die Herausstellung einer „polnisch-jüdischen Opfergemeinschaft" unter der deutschen Besatzung. Dazu zählen Gedenkfeiern und Auszeichnungen für katholische Polen, die im Zweiten Weltkrieg Juden gerettet haben. In mehreren Tausend Fällen ist belegt, dass katholische Polen Juden auf der Flucht vor den Nazis halfen – und dabei ihr eigenes Leben aufs Spiel setzten. Denn wenn ein versteckter Jude entdeckt wurde, so erschossen die Deutschen nicht nur die unmittelbaren Helfer, sondern oft auch alle anderen Bewohner des Hauses, manchmal gänzlich unbeteiligte Nachbarn. Insgesamt wurden mehr als 7.000 Polen wegen ihres Einsatzes für die verfolgten Juden von der israelischen Gedenkstätte Yad Vashem als „Gerechte unter den Völkern" geehrt.

Doch die jüdischen Organisationen in Warschau lehnen das Bild von dieser Opfergemeinschaft ab. Denn es marginalisiert die von katholischen Polen an Juden begangenen Verbrechen, wie in Jedwabne 1941 oder in Kielce 1946, wo ein Mob mehr als 40 jüdische Mitbürger, meist Holocaust-Überlebende, ermordete.

Verwiesen wird auch auf die *Smalcownicy* (abgeleitet von *smalec* – Schmalz), die von der Not der Juden profitierten, indem sie ihnen Unsummen für Unterkunft und Verpflegung abpressten. Andere denunzierten Juden, weil sie deren Eigentum übernehmen wollten.

Zudem irritierte es die jüdischen Gemeinden Polens, dass 2006 Roman Dmowski, dem Nationalistenführer der Zwischenkriegszeit, unter der ersten PiS-Regierung in Warschau ein Denkmal gesetzt wurde. Auch wurde 2019 der Warschauer Ostbahnhof nach ihm benannt. Die polnische Rechte will ihn auf diese Weise für seinen Kampf um die staatliche Unabhängigkeit ehren. Die PiS ignoriert somit Dmowskis Sympathiebekundungen für den Faschismus und seine Warnungen vor dem angeblich negativen jüdischen Einfluss auf die Gesellschaft, sie konterkariert auf diese Weise ihr Anliegen, das Bild vom polnischen Antisemiten im westlichen Ausland zu korrigieren.

Hinzu kommt, dass PiS-Politiker sich damit schwertun, sich von Extremisten abzugrenzen, einige rechtsextreme Gruppen bekommen sogar beträchtliche Zuschüsse für ihre Kulturprogramme. Unter ihnen gilt nach wie vor die Parole von der „Judenkommune"; nach dem Krieg hatten Funktionäre, die aus jüdischen Familien stammten, Schlüsselpositionen vor allem im Geheimdienst des stalinistischen Regimes in Warschau bekleidet. Allerdings wird in der Rechten Polens übersehen, dass ihre aus jüdischen Familien stammenden Landsleute nach den Schrecken von Krieg und Holocaust gute Gründe hatten, ihre Hoffnungen auf die Sowjetunion zu setzen: Der Kampf der Roten Armee hatte ihnen das Leben gerettet.

Doch grundsätzlich sind im heutigen Polen antisemitische Positionen, wie sie noch Dmowski vertrat, nicht mehr salonfähig. Das nationalistische *Radio Maryja* wurde, nicht zuletzt auf Druck des Vatikans, in dieser Hinsicht von den katholischen Bischöfen gezähmt; Hauptgegner des Senders, dem die PiS-Regierung Millionen aus öffentlichen Mitteln zuschanzt, sind heute die arroganten Deutschen sowie die angeblich sitten- und prinzipienlose Europäische Union. Zwar wiederholen rechtsextreme Gruppierungen und Publikationen die Parolen von „antipolnischen

Verschwörungen des internationalen Judentums"; auch malen sie das Bild eines deutsch-jüdischen Bündnisses, das Ansprüche ehemaliger Immobilienbesitzer durchsetzen wolle. Doch ihr Einfluss auf die politischen Entscheidungsträger ist gering.

Wie in jüngster Zeit bekannt wurde, erhalten *Radio Maryja* und fundamentalistische nationalkatholische Gruppierungen nicht unbeträchtliche Mittel auch aus Russland, ganz offensichtlich, um antieuropäische Stimmungen zu fördern und die Gräben in der polnischen Gesellschaft zu vertiefen. Bei vielen Gelegenheiten verweist Putin auf den polnischen Antisemitismus, vor allem in seinen Reden und Aufsätzen, die sich an ein westliches Publikum richten.

Putin versucht immer wieder, auch die Ukrainer in der internationalen Öffentlichkeit als notorische Antisemiten zu diskreditieren. Am Massaker in der Schlucht Babi Jar am Stadtrand von Kiew, bei dem die SS-Einsatzgruppen im September 1941 rund 33.000 Juden ermordeten, hätten Ukrainer teilgenommen. Allerdings ist längst nachgewiesen, dass unter den Helfern der SS-Mörder auch viele ethnische Russen waren; Kiew war traditionell überwiegend russischsprachig, in den lokalen Institutionen dominierten seit den Zarenzeiten Russen.

Die Invasion russischer Einheiten auf die Krim und in den Donbass war begleitet von einer Kampagne Moskaus, nach der in Kiew antisemitische Faschisten die Macht ergriffen hätten. Der Verband der jüdischen Gemeinden in der Ukraine widersprach Putin: Es gab zu keinem Zeitpunkt einen „faschistischen Putsch", eine „faschistische Junta" in Kiew oder einen „faschistischen Marsch" auf die Krim. Dagegen belegen Erklärungen der vom Kreml eingesetzten Führer im Donbass, dass faschistisches Gedankengut bei ihnen selbst durchaus verbreitet ist. So wurde immer wieder in äußerst herabsetzender Weise auf die jüdische Abstammung Kiewer Spitzenpolitiker verwiesen, darunter Präsident Wolodymyr Selenskyj.

In Kiew und Warschau wird Putin ein selektiver Blick auf die Geschichte vorgeworfen, wenn er Ukrainer und Polen beschuldigt, Helfer der Deutschen beim Holocaust gewesen zu sein. Dass es nicht wenige dieser Mittäter gab, wird weder an der Weichsel noch am Dnjepr in Abrede gestellt. Doch es gab sie zuhauf auch in den von der Wehrmacht eroberten Gebieten Russlands. Die aus jüdischen Familien stammenden Schriftsteller Ilja Ehrenburg und Wassili Grossman haben in der ersten Nachkriegszeit für das „Schwarzbuch" über den Holocaust in der Sowjetunion viele Berichte dazu gesammelt. Erscheinen durfte das Buch nicht, denn es rührte an die Legende, dass das „gesamte Sowjetvolk" den Deutschen heldenhaft Widerstand geleistet habe. Putin knüpft an diese heroischen Geschichtsbilder der Sowjetzeit an.

Dass gerade die Deutschen zwei Generationen nach dem Holocaust und angesichts der wachsenden Zahl antisemitischer Straftaten im eigenen Land dazu neigen, auf jedes noch so geringfügige Anzeichen von Antisemitismus in Polen hinzuweisen, stößt dort einhellig auf Empörung. Denn die Deutschen, sie sind die Gesellschaft der Täter. Die Antwort auf die Frage, warum sie sich so intensiv mit dem Antisemitismus im Nachbarland befassen, liegt für die Polen auf der Hand: Es entlastet die Deutschen. Die deutsche Schuld werde geringer, ja, banaler, wenn auch Polen als Antisemiten, als Profiteure, sogar als Helfer beim Holocaust gebrandmarkt werden können.

Für die Deutschen ist der Zweite Weltkrieg ein politisch abge-
schlossenes Kapitel. Aus Berliner Sicht sind keine Grenz-, Repara-
tions- und Entschädigungsfragen mehr offen. In der deutschen Ge-
sellschaft gilt heute Frieden als das höchste Gut – im Gegensatz
zu den polnischen Nachbarn, für die politische Freiheit an erster
Stelle steht. Es ist ihre historische Erfahrung, dass dafür auch ge-
kämpft werden muss. Der Krieg bedeutete für die Polen die größte
Tragödie ihrer Geschichte, er ist bis heute für die meisten von ihnen
Ausgangspunkt für das Denken über die Deutschen und auch über
die Russen, für die er ebenfalls nach wie vor ein zentraler Bezugs-
punkt ist. In der Darstellung des Kremls bedroht die Nato Russ-
land, so wie es einst die „Hitler-Faschisten" getan hatten, deshalb
müsse Moskau aufrüsten. Mit einem angeblich drohenden Angriff
ukrainischer Faschisten, die ja schon früher auf Hitlers Seite ge-
standen hätten, begründete Putin die Annexion der Krim. In Po-
len und in anderen EU-Staaten wird überaus beunruhigt beobach-
tet, dass Berliner Politiker Putin gegenüber große Zugeständnisse
machen, weil sie wegen der deutschen Schuld die Gewaltpolitik des
Kremls bagatellisieren.

Symbolische Gesten der einstigen Gegner haben den Deutschen
das Gefühl vermittelt, dass alle aus dem Krieg herrührenden
Streitfragen erledigt seien. So haben die Westalliierten zum 60.
Jahrestag der Landung in der Normandie am 6. Juni 2004 erstmals einen Repräsentanten der Bundesrepublik eingeladen,
nämlich Bundeskanzler Gerhard Schröder. Am 9. Mai 2005 saß
Schröder sogar bei der großen Siegesfeier zum 60. Jahrestag des
Kriegsendes auf dem Roten Platz als Ehrengast in der ersten Reihe neben Putin.

Die deutsche Presse reagierte durchweg hocherfreut auf
dieses Bild, doch bei den unmittelbaren Nachbarn im Osten Europas sowie in der Ukraine rief es bittere Kommentare hervor.
Denn Schröder habe damit den Anspruch Putins beglaubigt,

den Sieg über Nazi-Deutschland für Russland zu reklamieren, obwohl die Sowjetunion aus fünfzehn Teilrepubliken bestanden hatte. Namentlich die Weißrussen und die Ukrainer hatten im Verhältnis zur Einwohnerzahl einen deutlich höheren Blutzoll als die Russen gezahlt. Zudem waren an der Niederlage der Deutschen im Osten auch polnische Verbände beteiligt. Doch den Präsidenten der Ukraine und Polens, Viktor Juschtschenko und Aleksander Kwaśniewski, wurden Plätze in den hinteren Reihen der Ehrentribüne auf dem Roten Platz zugewiesen, was in Kiew wie in Warschau nicht nur als diplomatischer Affront, sondern auch als praktischer Akt der Geschichtsklitterung verstanden wurde.

Dass Putin mit seiner Geschichtspolitik, die den Beitrag der anderen Völker der Sowjetunion zur deutschen Niederlage ignoriert, überaus erfolgreich ist, stellte nach Schröder auch dessen einstiger Gefolgsmann Steinmeier unter Beweis: Er rechtfertigte die Vollendung der umstrittenen Pipeline Nord Stream mit den 20 Millionen Toten der Sowjetunion während des Zweiten Weltkriegs – ohne zu bedenken, dass ja mehrere Millionen davon Ukrainer waren, deren Nachkommen Putin vorwerfen, gegen ihr Land Krieg zu führen. Ähnlich wie Steinmeier mahnte der frühere Kohl-Berater Horst Teltschik in den deutsch-russischen Streitfragen ein Nachgeben gegenüber dem Kreml an, weil im Krieg gar „27 Millionen Russen" umgekommen seien. In Wirklichkeit ist die Zahl der sowjetischen Kriegstoten nie systematisch erfasst worden. Unter Stalin wurde ihre Zahl auf zehn Millionen geschätzt, unter Chruschtschow waren es plötzlich doppelt so viele. Später wuchs die Zahl sogar auf 27 Millionen an, eine Berechnungsgrundlage dafür wurde allerdings nie geliefert. Während der Perestroika meinten russische Historiker, dass diese hohe Zahl auch Opfer der Stalinschen Repressionen umfasse. Unumstritten ist indes, dass die allermeisten sowjetischen Kriegstoten Opfer des deutschen Vernichtungskriegs waren, dass also Spekulationen über überhöhte Zahlenangaben an der deutschen Schuld nichts ändern.

Auch die Zahl der polnischen Kriegstoten wurde nie systematisch berechnet. Das offizielle Warschau spricht von sechs Millionen, darunter die Hälfte Juden. Doch Vertreter jüdischer Institutionen halten die Zahl für die nicht-jüdischen Polen für deutlich überhöht. Sie stamme aus der Ära des antisemitischen Nationalkommunisten Władysław Gomułka; dieser habe es nicht hinnehmen wollen, dass Juden die mit Abstand größte Opfergruppe waren. Auf deutscher Seite fehlen unanfechtbare Belege für die Zahl von zwei Millionen Toten von Flucht und Vertreibung nach dem Krieg.

Schröder war nahegelegt worden, dass er bei seinem Flug nach Moskau zur Parade auf dem Roten Platz eine Zwischenlandung in Warschau einlegt, um symbolisch den Bogen vom Kriegsende 1945 zurück zu seinem Beginn 1939 zu schlagen. Er hätte sich den Vorwurf erspart, sich an Putins Geschichtsklitterung zu beteiligen, und auch ein Zeichen gesetzt, dass das Schicksal der Länder, die sowohl die Mordbrennerei der deutschen Besatzer als auch die stalinistischen Repressionen erdulden mussten, den Deutschen sehr wohl präsent ist. Doch Schröder hatte dafür keinen Sinn. Als er den Kampf der Russen gegen Hitler-Deutschland pries, knüpfte er an die berühmte Rede des Bundespräsidenten Richard von Weizsäcker an, die dieser zum 40. Jahrestag des Kriegsendes gehalten hatte. Weizsäcker rief darin die Deutschen dazu auf, die Kapitulation am 8. Mai als „Tag der Befreiung vom menschenverachtenden System der nationalsozialistischen Gewaltherrschaft" zu sehen.

Während diese Rede im bundesdeutschen Diskurs als Glanzstück gilt, prangern heute Publizisten in den einstigen Ostblockländern Weizsäcker als Verfälscher der Geschichte an: Die Verwendung des Begriffs „Befreiung" stelle die Deutschen mit den von ihnen terrorisierten Völkern gleich; es werde dadurch behauptet, die Nationalsozialisten seien eine Art Besatzungsmacht gewesen, die die Deutschen unterjocht habe. Die Rede verwische die Verantwortung der gesamten deutschen Gesellschaft für die Machtergreifung Hitlers sowie den Vernichtungskrieg von Wehrmacht und SS. In Berlin wurde diese bei den Nachbarn geführte Debatte ignoriert: 2015 verabschiedete der Bundestag eine

Resolution, in der der 8. Mai als „Tag der Befreiung" bezeichnet wurde.

Weizsäcker wurde überdies ein selektiver Blick auf das Kriegsende vorgeworfen: Für den Osten Europas sowie die Sowjetische Besatzungszone, die spätere DDR, sei der 8. Mai keineswegs ein Tag der Befreiung gewesen. Die linksliberale *Gazeta Wyborcza* in Warschau, der jegliche nationalistische Aufwallungen fremd sind, veröffentlichte Berichte über Massenvergewaltigungen in den Gebieten östlich von Oder und Neiße durch Rotarmisten, die dabei keinen Unterschied zwischen Polinnen und Deutschen machten. In den osteuropäischen EU-Staaten wird heute betont, dass ihre Gesellschaften nach dem Krieg härtesten stalinistischen Terror erdulden mussten. Tausende Angehörige der Eliten dieser Länder wurden hingerichtet oder Opfer politischer Morde, Zehntausende nach Sibirien, Kasachstan oder an den Polarkreis zur Zwangsarbeit deportiert. Die Geheimdienste Moskaus zerstörten gezielt soziale und wirtschaftliche Strukturen, das Kulturleben und die Presse wurden gleichgeschaltet. Im Russland Putins stoßen derartige Klagen allerdings auf blankes Unverständnis. Den Polen, Tschechen, Slowaken, Ungarn und den baltischen Völkern wird vielmehr Undankbarkeit vorgeworfen: Schließlich hätten Hunderttausende von Rotarmisten ihr Leben im Kampf gegen die deutschen Besatzer geopfert.

Die Geschichtspolitik Putins feiert die unter der weisen Führung des Generalissimus Stalin kämpfenden Rotarmisten als Retter der Menschheit. Der fast drei Generationen zurückliegende Sieg über Nazi-Deutschland soll die Klammer sein, die die russische Gesellschaft heute zusammenhält. Dass er nicht möglich gewesen wäre ohne die Lieferung von gewaltigen Mengen an Rüstungsgütern durch die USA – darunter 22.150 Militärflugzeuge, 12.700 Panzer, 51.000 Jeeps und 375.000 Lastwagen –, wird wieder wie zu Sowjetzeiten verschwiegen. Die großen Moskauer Buchhandlungen bieten stattdessen Dutzende von Titeln über die russischen Kriegshelden an, auch die vom Kreml subventionierten Filmstudios liefern ihren Beitrag zu diesem Glorienbild. Zweifel an diesem Bild zu äußern, ist eine Straftat und kann mit Gefängnis bestraft werden.

Die ruhmreiche Sowjetunion

In den Schulbüchern wird die Sowjetära als großartige Epoche gepriesen, die dem Land Industrialisierung, Alphabetisierung, Gleichberechtigung der Frauen und Olympiasiege gebracht habe. Putins Propagandisten haben einen Schlussstrich unter die Geschichtsdebatten der Perestroika und der ersten Jelzin-Jahre gezogen, die um Verbrechen des kommunistischen Regimes und Stalins Fehlleistungen als Oberkommandierender im Krieg kreisten. In Russland musste sich kein einziger der nach Zehntausenden zählenden Täter, die zum Zeitpunkt des Zerfalls der UdSSR noch lebten, jemals vor Gericht verantworten. Vielmehr werden heute der NKWD und der aus ihm hervorgegangene KGB, in dem ja auch Putin seine Karriere begonnen hatte, für ihren Kampf gegen angebliche ausländische Spione und Saboteure gepriesen.

Doch überall zwischen Tallinn, Budapest und Sofia wurden Denkmäler für die „sowjetischen Befreier" geschleift, was Putin offenkundig erzürnt. Als 2007 ein monumentaler bronzener Rotarmist im Zentrum der estnischen Hauptstadt abgebaut und auf dem sowjetischen Soldatenfriedhof wieder aufgestellt wurde, legten russische Hacker die Internetverbindungen fast im gesamten Land lahm. Als einige polnische Städte dem Beispiel Tallinns folgten, blockierte Moskau die Einfuhr von Agrarprodukten aus Polen. Unterstützung bekamen Tallinn und Warschau in diesen Konflikten weder aus Brüssel noch aus Berlin. Manche deutschen Kommentatoren meinten stattdessen, die Esten und die Polen sollten endlich ihre Russophobie überwinden.

Dieser Vorwurf wird im Baltikum und an der Weichsel indes mit dem Verweis auf den Ribbentrop-Molotow-Pakt gekontert, den deutsch-sowjetischen Nichtangriffspakt, dessen geheimes Zusatzprotokoll die Aufteilung Polens zwischen dem Dritten Reich und der Sowjetunion sowie das Ende der Unabhängigkeit der drei baltischen Republiken besiegelte. In Berlin wird zwar am 1. September alljährlich des Angriffs auf Polen gedacht, der den Beginn des Zweiten Weltkriegs markiert. Doch der 17. September 1939 ist eine Leerstelle im kollektiven Gedächtnis der Deutschen, während er ein zentrales Datum für die Polen ist. Denn an diesem Tag fiel die Rote Armee in Ostpolen ein. Der NKWD errichtete ein Terrorregime, das nach Meinung polnischer Historiker in gleicher Weise wie die deutschen Besatzer auf die Liquidierung der polnischen Elite abzielte. Mehrere Hunderttausend Polen wurden deportiert, unter ihnen fast die gesamte intellektuelle Schicht der Ukrainer – in weiten Teilen des damaligen Ostpolens hatten die Ukrainer die Mehrheit der Bevölkerung gestellt. In ganz Osteuropa, mit Ausnahme Russlands, gilt als verbürgt, dass Stalin mit dem deutsch-sowjetischen Nichtangriffspakt Hitler das Tor zum Angriffskrieg auf Polen weit aufgestoßen hat. Es stößt auf große Verwunderung, dass die allermeisten deutschen Historiker hier ein Urteil scheuen.

Putin selbst hatte zu Beginn seiner Präsidentschaft den Pakt ebenfalls verurteilt. Doch mittlerweile ist er zur alten sowjetischen Version zurückgekehrt: Stalin habe keine andere Wahl gehabt, weil er gar keinen Krieg gewollt habe. Stattdessen seien Großbritannien, Frankreich und Polen die Kriegstreiber gewesen. Die Tatsachen waren andere: Die Rote Armee fiel nicht nur in Ostpolen ein und zerstörte dabei ganze Straßenzüge, sie besetzte auch die drei baltischen Republiken, griff Rumänien an und begann den Winterkrieg gegen Finnland, das Stalin wieder dem Moskauer Machtbereich einverleiben wollte.

Für all die sowjetischen Kriegsverbrechen der Jahre 1939 bis 1941 steht symbolisch der Name Katyn. Im Wald unweit dieses Dorfes im Westen Russlands sowie an einem halben Dutzend weiterer Orte erschoss der NKWD 22.000 polnische Kriegsgefangene, ein Großteil davon Reserveoffiziere mit Hochschulbildung. Zum 70. Jahrestag des Verbrechens 2010 plante der polnische Premier Donald Tusk einen außenpolitischen Coup: Im Wald von Katyn traf er mit Putin zusammen. Doch aus polnischer Sicht war es ein Fehlschlag. Denn Putin erfüllte nicht die Hoffnungen Tusks, er werde im Namen der Russen für Katyn um Vergebung bitten.

Putin stellte stattdessen in seiner kurzen Ansprache klar, dass er die Russen ebenfalls als Opfer des Stalinismus sehe; im Wald von Katyn lägen auch russische Kosaken, Offiziere der Armee des Zaren, orthodoxe Priester, Professoren wie einfache Bauern: „Es wäre eine Lüge, die Schuld für den Tod der polnischen Offiziere dem russischen Volk aufzubürden." In der Warschauer Presse wurde Putin scharf angegriffen: Russland müsse als Rechtsnachfolger der Sowjetunion die Verantwortung für die Folgen der von der Staatsführung unter Stalin angeordneten Massenmorde übernehmen. Doch die allermeisten westlichen Berichterstatter bemerkten diese Missklänge überhaupt nicht und priesen die längst überfällige polnisch-russische Aussöhnung auf den Gräbern von Katyn, obwohl es diese gar nicht gegeben hatte. Der Flugzeugabsturz von Smolensk drei Tage nach dem Treffen Tusk-Putin überdeckte ohnehin all diese Überlegungen.

In den russischen Medien kommen heute zu Katyn Historiker zu Wort, die die stalinistische Lüge von der deutschen Täterschaft verteidigen. Katyn ist ein Kapitel auch der deutschen Geschichte, weil es eine Folge des Ribbentrop-Molotow-Pakts ist. Der von Stalin genehmigte Massenmord galt jahrzehntelang unter deutschen Historikern als risikoreiches „rechtes Thema": Man setzt sich dem Vorwurf aus, durch Forschungen zu sowjetischen Verbrechen die Verbrechen der Deutschen zu relativieren.

Dagegen gibt es in Polen wie auch in anderen ehemaligen Ostblockländern heute keinerlei Bedenken, das Regime Stalins und seiner Satrapen mit der Herrschaft der deutschen Nationalsozialisten auf eine Stufe zu stellen. Die Debatte in der Bundesrepublik über die Totalitarismus-Theorie, der Historikerstreit, die Kontroversen über das „Schwarzbuch des Kommunismus" und über die Wehrmachtsausstellung, deren erste Version Opfer von Massenexekutionen des NKWD in Ostpolen fälschlicherweise den Deutschen zugeschrieben hatte, wurden in den ehemaligen Satellitenstaaten Moskaus eher mit Unverständnis verfolgt. Ihre Gesellschaften haben beide Terrorherrschaften in der Praxis erduldet, das Bedürfnis, darüber zu theoretisieren, ist gering. Wohl sieht man die Unterschiede: So sei zwar in Polen die Zahl der Todesopfer der deutschen Besatzung um ein Vielfaches höher gewesen; doch diese habe das Volk gegen die Täter geeint. Die sowjetischen Besatzer aber hätten die Gesellschaft gespalten und teilweise korrumpiert.

Es waren die Abgeordneten der osteuropäischen EU-Staaten, die 2008 im Europa-Parlament durchsetzten, dass der 23. August, das Datum der Unterzeichnung des Ribbentrop-Molotow-Pakts, zum Gedenktag für die Opfer von Stalinismus und Nationalsozialismus erklärt wurde. Deutsche Abgeordnete hatten versucht, diesen Beschluss zu verhindern; ihnen wurde daraufhin unterstellt, sie hätten den Kreml nicht verärgern wollen – in der Tat war man in Moskau überaus empört.

Nach Meinung mancher Kommentatoren spielte noch ein anderes Motiv eine Rolle: Die Zurückhaltung deutscher Politiker und Historiker bei der Benennung von Verbrechen des Sowjetregimes gebe den Verbrechen des NS-Regimes ein besonderes Gewicht. Es sei aber nicht „Sündenstolz" der Enkelgeneration, wie es gelegentlich in der deutschen Debatte heißt, sondern vielmehr ihr Bestreben, ihre Leistung bei der Aufarbeitung des NS-Regimes in besonders hellem Licht erscheinen zu lassen. Manche polnischen Publizisten mokieren sich sogar über den „deutschen Maximalismus": Erst sei Hitler als größter Führer aller Zeiten bejubelt worden, nun solle er der größte Verbrecher aller Zeiten sein – damit die heutigen Deutschen sich selbst für ihre Vergangenheitsbewältigung loben könnten.

Der andere Blick auf Demjanjuk

Wie groß die Dissonanzen auf diesem Feld sind, zeigte beispielhaft der Münchener Prozess gegen Iwan Demjanjuk, einen ukrainischen Wächter des KZ Sobibor, der sich als gefangener Rotarmist zum Hilfsdienst für die SS gemeldet hatte. Die deutschen Kommentare waren geprägt vom Stolz darüber, dass nun auch die letzten überlebenden NS-Täter zur Verantwortung gezogen würden. Der Prozess, der 2011 mit der Verurteilung des nicht haftfähigen Angeklagten zu fünf Jahren Gefängnis endete, galt als eine Art Erfolgsmeldung über den Vollzug der Vergangenheitsbewältigung.

Im Osten Europas aber reagierte man überaus reserviert: Zwar wurde nicht in Frage gestellt, dass ein KZ-Wächter, der zweifelsfrei Verbrechen begangen habe, verurteilt gehöre. Doch sei ein deutsches Gericht nicht der richtige Ort für diesen Prozess gewesen, nicht zuletzt angesichts der Tatsache, dass deutsche Richter 1965 fünf von sechs angeklagten SS-Männern aus Sobibor freigesprochen hatten, mit der Begründung, dass eine Beteiligung an Verbrechen im Einzelfall nicht nachzuweisen sei. Auch im Falle Demjanjuk wurde die individuelle Schuld nicht bewiesen, doch den Richtern reichte nun seine bloße Zugehörigkeit zum Lagerpersonal, sie schufen also ohne gesetzliche Grundlage einen neuen Tatbestand. Sie ignorierten überdies den Sachvortrag von Historikern, demzufolge Demjanjuk gar nicht die Chance gehabt habe, sich seiner Aufgabe zu entziehen: Hätte er den Dienst als Hilfskraft der SS verweigert, so wäre er im Lager für sowjetische Kriegsgefangene geblieben, wo ihm der Hungertod gedroht hätte; bei einem Fluchtversuch hätte er riskiert, erschossen zu werden. Auch hatten die Münchner Richter in ihrem Urteil nicht berücksichtigt, dass Demjanjuk von einem israelischen Gericht freigesprochen worden war, nachdem er bereits sieben Jahre in Haft verbracht hatte – er war mit einem anderen Ukrainer verwechselt worden, der sich als SS-Gehilfe im KZ Treblinka schwerster Verbrechen schuldig gemacht hatte.

So vermittelte der Demjanjuk-Prozess bei den osteuropäischen Nachbarn, die alle im Zweiten Weltkrieg unter dem Terror von SS und Wehrmacht gelitten hatten, den fatalen Eindruck, dass die Deutschen sich nun zu Richtern über kleine Leute machten, die erst durch deutsche Schuld in ihre ausweglose Lage gebracht worden seien: Handlanger der SS oder Hungertod im Lager. Die Deutschen sähen sich offenbar als moralisch so hochstehend an, dass sie nicht nur die Kollaboration von Einheimischen im besetzten Osteuropa laut anprangerten, sondern sogar stolz darauf seien, wenn sie diese als Verbrecher verurteilen könnten.

Namentlich in Polen wurde darauf hingewiesen, wie beschämend doch in den ersten Jahrzehnten nach dem Krieg in Westdeutschland die juristische Ahndung von NS-Verbrechen verlaufen war: Nur ein Bruchteil der Täter war angeklagt und noch weniger waren verurteilt worden, überdies wegen angeblichen „Befehlsnotstands" zu durchweg geringen Strafen. Manche Kriegsverbrecher hatten sogar in der Bundesrepublik öffentliche Ämter bekleidet, bekanntester Fall: Heinz Reinefarth, der als General der Waffen-SS den Warschauer Aufstand hatte blutig niederschlagen lassen, wurde Bürgermeister auf Sylt sowie Landtagsabgeordneter in Schleswig-Holstein. Keiner der NS-Juristen wurde je zur Rechenschaft gezogen. In der polnischen Presse von rechts bis links herrscht Einigkeit: Wenn heute deutsche Gerichte 90- und 100-Jährige, die Sekretärinnen oder Magazinwärter in einem KZ gewesen waren, nach dem Jugendstrafrecht verurteilten, so sei dies Heuchelei; denn auf diese Weise könnten schwerlich die früheren Versäumnisse der Justiz aufgewogen werden. Die heutigen Deutschen wollten sich gegenseitig zeigen, wie großartig sie seien, wenn sie mit Riesenaufwand kleinste Rädchen im NS-Repressionsapparat aburteilten.

Der Anspruch der Deutschen, über das Verhalten der von ihren Großvätern im Krieg terrorisierten Nachbarn ein Urteil zu fällen, irritiert besonders an der Weichsel. Die polnische Rechte sieht sich selbst den Deutschen und auch den Russen moralisch überlegen, weil die Polen im Zweiten Weltkrieg Opfer der Aggression von West und Ost gewesen seien, aber auch heldenhaft Widerstand geleistet hätten. Zahllose Straßen und Schulen sind nach Heerführern und Widerstandskämpfern benannt.

Das Selbstbild der konservativen Polen als „Volk der Helden und Opfer" stammt aus dem 19. Jahrhundert, als Polen als Staat nicht existierte. In dieser Zeit bewahrten die katholische Kirche und Dichter, Komponisten und Maler die polnische Kultur. Die deutsche Terrorherrschaft im Zweiten Weltkrieg und die anschließende sowjetische Besatzung schienen dieses Selbstbild grausam zu bestätigen. In Polen wird der Krieg durch Museen, Fernseh- und Schulprogramme sowie eine Flut von Büchern und Zeitschriften ständig vergegenwärtigt. Geschichte wird in Wir-Form erzählt: Jede Generation identifiziert sich mit den vorherigen – im Gegensatz zu den Deutschen, für die die Aufarbeitung der NS-Verbrechen zwangsläufig einen Bruch zwischen den Generationen bedeutete.

So begründete Lech Kaczyński in seiner erfolgreichen Wahlkampagne 2005, die ihn ins Präsidentenamt brachte, seine Forderungen nach deutschen Reparationen mit dem Satz: „Die Deutschen sollen nie vergessen, was sie uns angetan haben." Sein Bruder Jarosław erklärte, die Deutschen wollten verwischen, „wer Täter und wer Opfer war". Die Zwillinge sind vier Jahre nach Kriegsende geboren, aufgewachsen sind sie im zerstörten Warschau. Aus ihrem gewissermaßen ererbten Helden- und Opferstatus haben sie politische Forderungen abgeleitet, auch gegenüber den ehemaligen Westalliierten wegen deren „doppelten Verrats": 1939 hätten diese Polen allein gelassen und 1945 auf der Konferenz von Jalta Stalin die Hegemonie über Osteuropa zugestanden. Allerdings hat der Anspruch polnischer Politiker von heute, als Repräsentanten einer Opfernation Forderungen zu stellen, Vertreter der anderen EU-Staaten überaus befremdet.

Angesichts der deutschen Publikationen über den Bombenkrieg der Alliierten sowie die Vertreibung nach dem Krieg ist Jarosław Kaczyński zum Schluss gekommen, dass in der Bundesrepublik eine „ungewöhnlich radikale Revision der Geschichte" im Sinne eines „neuen Typs nationaler Ideologie" im Gange sei. Publizisten des rechten Lagers haben die Parole ausgegeben, um das historische Gedächtnis müsse „ein Krieg geführt" werden. Es gehe dabei um nichts Geringeres als die „Ehre der Nation". Einzelne Etappen der Kontroverse um das Zentrum gegen Vertreibungen sowie um das Berliner Denkmal für die polnischen Opfer der deutschen Besatzung wurden als gewonnene oder verlorene Schlachten dargestellt.

Zu den Dauerbrennern dieser „Schlachten um die Geschichte" gehört die Aktion „Gegen polnische Lager". Sie unterstellt, dass die in ausländischen Medien auftauchende Bezeichnung „polnisches Lager" für ein KZ darauf abzielt, den Polen Verantwortung für den Holocaust zuzuschreiben. Polnische Diplomaten bekamen die Anweisung, täglich die gesamte internationale Presse danach zu durchsuchen. Die Redaktionen, die den Begriff verwendeten, bekamen einen Protestbrief der polnischen Botschaft. Die rechts-orientierten Medien berichteten in großer Aufmachung über die angeblichen Geschichtsfälscher, genannt wurden unter anderem die *New York Times, Le Monde, Haaretz, Der Spiegel, Die Welt*, die *Süddeutsche Zeitung* und das *ZDF*.

In Wirklichkeit hatte jede dieser Redaktionen den Begriff „polnische Lager", der in der Tat zweideutig ist, geographisch gemeint. Gegenstand der Artikel waren ausnahmslos deutsche Verbrechen, es gab keine einzige Publikation, die den Polen eine Mitverantwortung für die KZ zuschrieb. Überdies wurde der umstrittene Begriff überaus selten verwendet; in Deutschland gab es, alle überregionalen Medien zusammengenommen, im Durchschnitt einen Fall pro Jahr unter Tausenden von Artikeln über den Zweiten Weltkrieg. Da der Begriff zweideutig ist, steht er bei den Redaktionen der wichtigsten Medien der Bundesrepublik auf der Liste von Formulierungen, die vermieden werden sollen. Doch all dies erfuhren die polnischen Leser nicht, vielmehr vermittelten ihnen die PiS und die hinter ihr stehenden Medien, dass es sich um ein Massenphänomen gerade bei den Deutschen handle, die auf diese Weise die Polen zu Tätern beim Holocaust stempeln wollten.

Ungenutzte Möglichkeiten

Die deutschen Osteuropa-Historiker standen diesen Entwicklungen machtlos gegenüber, Folge auch eigener schwerer Versäumnisse. Denn ihre akademischen Gremien haben die polnischen Kollegen aus dem nationalpatriotischen Lager weitgehend ignoriert. Wie auch auf dem Feld der Politik begab man sich so der Möglichkeit, im persönlichen Austausch deren Positionen zu verstehen und vor allem auch, Fehleinschätzungen richtigzustellen. Stattdessen setzte die deutsche Seite durchweg auf Kollegen, die liberal oder linksliberal orientiert waren, allerdings nur einen kleinen Teil der Zunft in Polen repräsentieren. Die ewig selben Akteure trafen sich in Gremien und auf Podien, publizierten und lobten gegenseitig ihre Bücher und Aufsätze, verliehen sich gegenseitig Preise. So hat sich eine deutsch-polnische Blase aus Politikern und Publizisten gebildet, die in Warschau allerdings kaum noch wahrgenommen werden. Auch bei der gemäßigten Rechten finden sie nur ein geringes Echo, die Nationalpatrioten agieren ohnehin in einer eigenen Medienblase.

Jarosław Kacyzński erklärte dazu: „In unseren Beziehungen zu den Deutschen besteht das Problem darin, dass alles, was gemeinsam ist – die deutsch-polnischen Institutionen – eigentlich das ihre ist." Mit ihren Lehraufträgen, Preisverleihungen und Vortragshonoraren hätten sie einen Teil der polnischen Historiker korrumpiert. Das Honorar für einen Aufsatz oder einen Vortrag entsprach in den ersten Jahren nach der politischen Wende von 1989/90 etwa einem polnischen Monatsgehalt.

Zu den von der Bundesrepublik finanzierten Einrichtungen gehört das Deutsche Historische Institut (DHI) in Warschau. Es war zunächst durchaus ein Ort lebhafter Debatten, die sich auch in der polnischen Publizistik niederschlugen. Das DHI ergänzte so das renommierte Deutsche Polen-Institut in Darmstadt, von dem seit langem wichtige Impulse für die nachbarschaftlichen Beziehungen ausgehen. Doch obwohl erst die Jedwabne-Kontroverse, dann der Streit um das Zentrum gegen Vertreibungen schwere Schatten auf die deutsch-polnischen Beziehungen geworfen hatten, wurde kein Experte für Zeitgeschichte neuer DHI-Direktor, sondern ein Mediävist. Anstatt der Streitfragen aus der jüngsten Vergangenheit kamen so Vorträge über den Silberhandel im Mittelalter oder die Heiratspolitik der polnischen Piasten auf das Programm, zu denen sich nur eine Handvoll Zuhörer einfand. Die Verantwortlichen für das mit einem Millionenetat ausgestattete Institut begaben sich so der Möglichkeit, die in Warschau populäre Formel von der Umschreibung der Geschichte durch die Deutschen zu Lasten der Polen zu widerlegen und somit zur Beruhigung der Gemüter, letztlich sogar zum Abbau politischer Spannungen beizutragen.

Die Reihe der ungenutzten Möglichkeiten für einen Dialog mit den Entscheidungsträgern in Warschau setzt die Deutsch-Polnische Schulbuchkommission fort, die in Sonntagsreden bundesdeutscher Politiker gern als Meilenstein in den Beziehungen zu Polen genannt wird. In der Tat war sie dies einst, auch wenn die 1976 erstmals veröffentlichten Schulbuchempfehlungen der Kommission damals genauso umstritten waren wie die Ostpolitik der SPD. Sie hatten nämlich die deutsche Ostsiedlung im Mittelalter und die Vertreibung der Deutschen nach dem Krieg ausgespart, weil diese Themen in der Volksrepublik Polen tabu waren. Zu den unstreitigen Erfolgen der Kommission gehört es, zu einem differenzierten Polenbild in den deutschen Schulbüchern beigetragen zu haben. Die standen früher in der Tradition der „Ostkunde", die eine kulturelle Überlegenheit der Deutschen über die slawischen Völker propagierte. So hatte sie auch zur ideologischen Begründung des deutschen Besatzungsterrors im Zweiten Weltkrieg beigetragen. Der ideologische Streit um die Schulbuchkommission wurde mit der Wende von 1989/90 gegenstandslos, die polnischen Historiker wandten sich nun auch den bisherigen Tabu-Themen zu.

Doch nach all den Verwerfungen der vergangenen beiden Jahrzehnte sind die polnischen Schulbüchern in vielen Streitfragen der Geschichte wieder beim Stand vor 1989 angelangt. Schlesien, Pommern, Danzig, Masuren – alles ist demnach urpolnisches Land gewesen. In diesem Punkt unterscheidet sich die konservativ-liberale Bürgerplattform (PO) von Donald Tusk nur geringfügig von der PiS Jarosław Kaczyńskis. Wegen dieser verzerrten Darstellungen sehen aber nicht nur die normalen polnischen Bürger, sondern sogar Parlamentsabgeordnete es als grobe Unverschämtheit der Deutschen an, dass Berlin die jüngsten Forderungen nach einer dreistelligen Milliardensumme an Reparationen zurückweist und dass es überhaupt eine Initiative wie das Zentrum gegen Vertreibungen geben konnte.

Wie bei den meisten deutsch-polnischen Gremien, die nicht von den Regierungen besetzt werden, hat auch die Schulbuchkommission es versäumt, sich zumindest für das gemäßigt rechte Lager in Warschau zu öffnen, auch um sich politische Unterstützung zu sichern. Entsprechend gering war in den heftigen Geschichtsdebatten der letzten Jahre das Gewicht ihrer Mitglieder, bei denen es sich durchweg um exzellente Fachleute handelt. Anhand der deutschen Schulbücher hätten sie leicht die Propagandathese der Nationalisten an der Weichsel entkräften können, nach der eine Geschichtspolitik Berlins die Deutschen „von Tätern zu Opfern" des Zweiten Weltkriegs machen wolle. Es hätte nahegelegen, dass die Kommission gemeinsam mit dem Deutschen Historischen Institut in Warschau eine Konferenz über die Darstellung des Zweiten Weltkriegs in den deutschen Schul-, Verlags- und Fernsehprogrammen ausrichtet. Doch nichts dergleichen geschah.

Wie wenig dem Vorstand die Selbstisolation der Kommission klar ist, zeigten 2012 die Feiern zu ihrem 40-jährigen Bestehen: Den Festvortrag hielt der frühere Dissident Adam Michnik, der als Chefredakteur der linksliberalen *Gazeta Wyborcza* von der polnischen Rechten als ideologischer Feind betrachtet wird. Michnik wurde zwar eine wichtige Stimme bei der Verteidigung demokratischer Grundprinzipien, allerdings steht er auch für die Forderung, die kommunistische Vergangenheit ruhen zu lassen – doch geschätzt 85 Prozent der polnischen Parlamentsabgeordneten und Publizisten sehen dies ganz anders.

In der Bundesrepublik wird wenig verstanden, dass in Polen Geschichtswissenschaft kein geschlossener akademischer Raum ist, der bestenfalls in den Feuilletons der Presse ein Echo findet, sondern dass Kontroversen um die Bewertung der Vergangenheit erheblichen Einfluss auf das politische Klima haben. Zwar versuchen deutsche Politiker und Historiker unablässig zu dokumentieren, wie ernsthaft die Verbrechen des NS-Regimes aufgearbeitet werden. Doch haben all die Gremien, Institute und Initiativen nur einen kleinen Teil der polnischen intellektuellen Elite erreicht. Man hat von deutscher Seite nämlich durchweg auf Dialogpartner gesetzt, die zwar den eigenen Wunschvorstellungen von polnischen Intellektuellen entsprechen, aber unter ihren Landsleuten kaum Einfluss haben. Einige von ihnen hatten zudem zu den Privilegierten des Parteiregimes gehört; in der Generation der „Kinder der Solidarność", die als Oberschüler oder Studenten gegen das Kriegsrechtsregime aufbegehrten und heute in den polnischen Behörden und Redaktionen den Ton angeben, galten sie als Wendehälse.

Streit um Reparationen

Zu den Kapiteln aus dem Zweiten Weltkrieg, die die deutsch-polnischen Beziehungen bis heute belasten, gehört die Reparationsfrage. Vertreter der polnischen Rechten finden in der Bevölkerung breite Zustimmung mit der Behauptung, die Bundesrepublik habe als Rechtsnachfolgerin des Dritten Reichs nie Entschädigung für all die Zerstörungen geleistet, die auf das Konto der deutschen Besatzer gehen, darunter die gesamte Warschauer Innenstadt mit ihren Kirchen, Palästen, Museen, Bibliotheken und Hochschulen. In diesem Punkt argumentieren deutsche Politiker zwar formaljuristisch korrekt: Die Volksrepublik Polen habe 1953 den Verzicht auf Reparationen erklärt. Doch wird dieses Argument in Warschau mit dem Einwand gekontert, dass die damalige polnische Führung aus Stalinisten bestanden habe, die auf Befehl Moskaus gehandelt und über keinerlei demokratische Legitimation verfügt hätten.

Alle Bundesregierungen, auch die SPD-geführten, haben indes die Abtretung der deutschen Ostgebiete an Polen als Ersatz für Reparationen angesehen. Als Ende der neunziger Jahre die damalige rechtsliberale Regierung in Warschau unter Jerzy Buzek Entschädigungen forderte, wurde im Kanzleramt unter Gerhard Schröder erwogen, eine Studie über den materiellen Wert der verlorenen Ostgebiete erstellen zu lassen. Das Vorhaben wurde nicht weiter verfolgt, nachdem deutsche Konzerne sich bereit erklärt hatten, die neugegründete Zwangsarbeiter-Stiftung zu finanzieren. Nur hat kein deutscher Politiker bislang gegenüber Warschau den eigentlichen Grund für die Zurückweisung der polnischen Reparationsforderungen angeführt und mit dem Wert der Ostgebiete argumentiert. Denn damit würde man riskieren, dass das Thema Vertreibung sich ein weiteres Mal destruktiv auf die Nachbarschaft auswirkt.

Auch wäre damit die Frage verbunden, wie hoch der Preis für ein Menschenleben anzusetzen wäre. Doch diese Frage ist unlösbar.

Wie kein anderes Land profitiert Deutschland von der Mitglied-schaft in der Europäischen Union. Die Einführung des Euros und der Wegfall der Grenzkontrollen wirkten sich überaus vorteilhaft für den „Exportweltmeister" aus. Schon lange zuvor war angesichts der Verbrechen des Dritten Reichs „Europa" eine ideelle Ersatzhei-mat für viele Intellektuelle geworden. Doch sämtliche Nachbarn schauen anders auf die europäische Integration. Einerseits wird sie als Zone des Freihandels und der Freizügigkeit geschätzt, an-dererseits aber ist es ihr Zweck, die Deutschen einzuhegen. Denn das wirtschaftliche Gewicht der Bundesrepublik stört alle ande-ren EU-Länder. Die angebliche deutsche Dominanz ist längst Ge-genstand von Leitartikeln der internationalen Presse geworden. Doch die Deutschen tun wenig, diese Befürchtungen zu zerstreuen. Bundesdeutsche Spitzenpolitiker hatten ungewollt ihren Anteil am Brexit und an der Eskalation der Konflikte um Polen und Ungarn.

Die Umfragen internationaler Meinungsforschungsinstitute er-brachten in den letzten Jahren eindeutige Ergebnisse: Weltweit sind die Deutschen unter allen großen Nationen am beliebtesten. Doch gleichzeitig sind sie innerhalb der EU am unbeliebtesten. Dies liegt nicht nur an der zentralen Lage – kein europäisches Land hat so viele Nachbarn, und Beziehungen unter benachbar-ten Völkern sind stets durch historische Konflikte belastet. Hier ist es vor allem der lange Schatten des Zweiten Weltkriegs. Doch es ist auch die schiere Größe und Wirtschaftskraft der Bundes-republik: Sie zählt 83 Millionen Einwohner, das Bruttoinlands-produkt lag 2020 bei 3,8 Billionen Euro. Frankreich liegt als zweitgrößtes EU-Land mit einer Bevölkerung von 67 Millionen und einem BIP von 2,6 Billionen Euro deutlich dahinter.

Der Vorläufer der EU war die 1952 gegründete Europäische Gemeinschaft für Kohle und Stahl, kurz Montanunion genannt. Für die Westdeutschen bedeutete sie nicht nur den Auftakt zum Wirtschaftswunder, sondern auch einen ersten Schritt, international wieder geachtet und nicht nur als Volk der NS-Täter geächtet zu werden. Doch für die misstrauischen Mitgründer – Frankreich, Italien und die Benelux-Staaten – hatte die Montanunion vor allem eine Kontrollfunktion: Sie sollte sicherstellen, dass die deutsche Schwerindustrie nicht zur Vorbereitung eines Revanchekrieges wieder Rüstungsgüter produziert.

Der erste Bundeskanzler Konrad Adenauer hatte für das Misstrauen der Nachbarn Verständnis. Er war ein Katholik aus dem linksrheinischen Köln, der mit dem preußischen Militarismus nie etwas im Sinn gehabt hatte, und er war als Nazi-Gegner in Haft gewesen. Er betrieb deshalb die Einbindung der Bundesrepublik in die aus der Montanunion hervorgegangene Europäische Wirtschaftsgemeinschaft (EWG) und in die Nato, die als Schutzbündnis gegen den sowjetischen Expansionismus unter Stalin gedacht war, aber auch die Westdeutschen kontrollieren sollte.

Das Misstrauen der Nachbarn erwachte neu mit der deutschen Wiedervereinigung knapp vier Jahrzehnte nach der Gründung der Montanunion. Aus diesem Grunde akzeptierte Bundeskanzler Helmut Kohl den Vorstoß des französischen Präsidenten François Mitterrand, die starke D-Mark zugunsten des Euros aufzugeben. Einerseits nützte dies der Exportwirtschaft, andererseits wurde das wiedervereinigte Deutschland in der Währungsunion wirtschaftspolitisch eingehegt. Der 1992 geschlossene Vertrag von Maastricht gab den Mitgliedstaaten Eckdaten für ihre Finanzpolitik vor: Das Haushaltsdefizit durfte drei Prozent nicht übersteigen, die Obergrenze für die Verschuldung der öffentlichen Hand wurde auf 60 Prozent des BIP festgelegt, jedes Mitglied sollte allein für seine Schulden aufkommen.

In der EU stand Kohl im Ruf, auch für die Interessen der kleineren Mitgliedstaaten ein offenes Ohr zu haben und stets kompromissbereit zu sein. Er war es, der die Osterweiterung vorangetrieben hat: 2004 traten acht Staaten aus dem ehemaligen Ostblock der EU bei. Doch längst war zu dem Zeitpunkt in diesen Ländern das Bild von den großzügigen und rücksichtsvollen Deutschen verblasst. Dafür hatte Kohls Nachfolger Gerhard Schröder gesorgt, der die Parole vom „deutschen Weg" in der EU ausgab. Aus der Sicht Warschaus knüpfte er überdies mit seiner Annäherung an Kremlchef Wladimir Putin an die Bismarcksche Ostpolitik an, in der kein Platz für ein souveränes Polen vorgesehen war.

Vor allem aber ist mit der Kanzlerschaft Schröders ein Sündenfall innerhalb der EU verbunden, der weitreichende Folgen hatte: Um die Wahlversprechen über breitgefächerte Sozialleistungen zu erfüllen, ignorierte die 1998 gewählte rotgrüne Koalition zunächst die Defizitregeln des Maastrichter Vertrags. Schröder bekam dabei Rückendeckung vom französischen Staatspräsidenten Jacques Chirac, der seinerseits diese Regeln nicht einzuhalten gedachte. Die Regierungen in Berlin und Paris verhinderten deshalb auch, dass die Manipulation der Staatsbilanzen Griechenlands, die eine exorbitante Kreditaufnahme verschleiern sollte, von der EU-Kommission in Brüssel sanktioniert wurde. Die Führung in Athen sah sich durch das Ausbleiben von Sanktionen ermuntert, die Maastricht-Regeln permanent zu missachten. Die anderen südeuropäischen EU-Länder folgten diesem Beispiel.

Schröders Schuldenpolitik, die er immerhin rasch durch die in der eigenen Partei umstrittene Agenda 2010 zu korrigieren versuchte, hat somit andere Länder zu einer unsoliden Haushaltsführung verleitet. Den EU-Kandidaten in Osteuropa blieb dies nicht verborgen. Sie mussten nun hinnehmen, dass nicht nur die Mittelmeerländer, sondern sogar die Bundesregierung die eigenen Spielregeln missachtete. Die ehemaligen Ostblockländer hatten dagegen die von ihnen verlangten harten Sparmaßnahmen und Strukturreformen klaglos durchgeführt.

Im sozialistischen Plansystem hatte es weder ein Steuersystem zur Finanzierung des Staatshaushalts gegeben noch individuelle Krankenversicherungen, geschweige denn eine bürgerfreundliche Verwaltung, eine unabhängige Justiz oder eine der organisierten Kriminalität gewachsene Polizei. Während die ehemalige DDR das bundesdeutsche System übergestülpt bekam, mussten die anderen ehemaligen Satelliten der UdSSR ihre Staatsapparate völlig umbauen, zentrale Bereiche ganz neu entwerfen und auch das nötige Personal dafür ausbilden. Dieser Umbruch war eine epochale Leistung, die allerdings in den Alt-EU-Ländern, auch von den Deutschen, wenig gewürdigt wird.

Vorbild war dabei vor allem die Bundesrepublik. Doch mit der Eurokrise änderte sich das entscheidend. Es zeigte sich, dass sowohl die EU-Kommission als auch die Regierungen in Berlin und Paris auf eine derartige Krise nicht im geringsten vorbereitet waren, sie hatten Warnungen vor der hohen Verschuldung der öffentlichen wie der privaten Haushalte in den südeuropäischen Ländern ignoriert. Überdies wiesen diese Länder ausnahmslos große Defizite in der Handelsbilanz auf, nicht zuletzt eine Folge des privaten Konsums auf Pump. Da die Defizitsünder der Eurozone angehörten, konnten sie diese Ungleichgewichte nicht mehr über den Wechselkursmechanismus ausgleichen.

Die EU gab Kreditgarantien für die in Schieflage geratenen Südländer ab, gegen den Protest der skandinavischen und osteuropäischen EU-Staaten, die ohne heftige Verwerfungen erst durch die internationale Bankenkrise, dann durch die Eurokrise gekommen waren. Zwischen Tallinn, Warschau und Budapest wurde argumentiert, dass man selbst einen rigiden Sparkurs habe aushalten müssen, während den südeuropäischen Ländern mit ihrer permanent die Maastricht-Regeln verletzenden Misswirtschaft nicht nur Sanktionen erspart geblieben seien, sondern sie sogar großzügige finanzielle Hilfe erhalten hätten. Die vor allem von Berlin unterstützte Rettung Griechenlands mit Steuergeldern aus anderen EU-Staaten, die laut Maastricht-Abkommen eigentlich verboten gewesen wäre, führten auch die Brexit-Befürworter in Großbritannien als eines ihrer Hauptargumente an. Der Brexit wiederum hatte spürbare Auswirkungen für die osteuropäischen EU-Mitglieder: Zehntausende ihrer dort niedergelassenen Bürger, die meist das Familieneinkommen gesichert hatten, verloren ihre britische Arbeitserlaubnis.

Die Eurokrise hat somit dem Ansehen nicht nur der EU-Kommission, sondern auch der Bundesregierung in den osteuropäischen EU-Ländern sehr geschadet. Hier ist einer der Gründe für die euroskeptische Haltung eines Großteils der politischen Eliten im Osten Europas zu suchen, worüber man sich offenbar weder in Brüssel noch in Berlin im Klaren ist.

Korrupte und nihilistische Eliten

Seit der Eurokrise wird an der Kompetenz der führenden Politiker Westeuropas gezweifelt, Beispiele gibt es zuhauf: Der von Angela Merkel stark geförderte EU-Kommissionspräsident José Manuel Barroso hatte auf seinem vorherigen Posten als portugiesischer Regierungschef nicht wenig dazu beigetragen, dass sein Land später an den Rand des Staatsbankrotts geriet. Noch schlimmer war die Bilanz des spanischen Sozialisten Pedro Solbes: Als EU-Kommissar für Wirtschafts- und Währungsangelegenheiten hatte er alle Warnungen vor einer Schuldenkrise missachtet; anschließend übersah er als Superminister für Wirtschaft und Finanzen in Madrid die Vorzeichen einer gigantischen Immobilienblase, deren Platzen zu Rekordarbeitslosigkeit, zur Schließung Zehntausender kleiner Betriebe und zur Schädigung mehrerer Millionen kleiner Sparer führte. Dass ein Bauboom der Wirtschaft dauerhaft eine Hochkonjunktur garantieren würde, war die wirklichkeitsfremde Idee seines Vorgängers als Superminister gewesen, des Konservativen Rodrigo Rato, der wegen des vermeintlichen spanischen Wirtschaftswunders auch aus Kreisen von CDU und CSU viel Lob bekam. Diese Welle des Lobes trug ihn bis auf den Chefsessel des Internationalen Währungsfonds, doch auch er überhörte Warnungen vor einer drohenden Bankenkrise. 2018 wurde Rato wegen Korruption und Veruntreuung in einem Aufsehen erregenden Prozess zu viereinhalb Jahren Gefängnis verurteilt.

Nicht zuletzt wegen der von Berlin geduldeten unsoliden Finanzpolitik in den Südländern der EU bauen Polen, Ungarn, Tschechien und die Slowakei seit der Eurokrise kaum noch auf die Deutschen. 1999 hatten die vier Länder in der ungarischen Kleinstadt Visegrád vereinbart, ihre Bemühungen um den EU-Beitritt zu koordinieren; nun suchen sie eigene Wege, sich gegen Krisen zu wappnen, und betonen dabei ihre nationalen Traditionen. In der Visegrád-Gruppe wurde genau beobachtet, dass die Bundesregierungen sich zwar als Hüter über die Maastricht-Regeln zur Stabilität des Euros gerieren, doch es selbst nicht genau damit nehmen. So hatte die deutsche Staatsschuldenquote 2020 die vorgegebenen 60 Prozent des BIP längst um zehn Punkte überschritten. Seit der Wiedervereinigung haben sich die Schulden des Bundes, der Länder und Kommunen in der Gesamtsumme verdreifacht. In Italien liegt die Schuldenquote mittlerweile sogar bei 160 Prozent, ohne dass über Rom Sanktionen verhängt worden wären.

Die osteuropäischen EU-Länder profitierten enorm von Finanzhilfen zur Modernisierung ihrer Infrastruktur, Polen führt mit Abstand die Liste der Netto-Empfänger an. Zuvor nahmen die Mittelmeerländer diese Position ein. Doch dass das italienische Kalabrien, das spanische Andalusien sowie weite Teile Griechenlands nach wie vor zu den ärmsten Regionen in der EU gehören, obwohl sie über viele Jahre Milliarden aus Brüssel bekommen haben, ist nicht zuletzt Folge einer traditionellen Korruption und Vetternwirtschaft.

Allerdings wird in Brüssel wenig darüber debattiert, dass das Subventionssystem der EU Misswirtschaft begünstigt: Es sind dieselben Politiker, die Gelder beantragen, diese ausgeben und letztlich auch deren korrekte Verwendung bestätigen, wobei sie oft Rückendeckung von Landsleuten in der EU-Bürokratie bekommen. Die EU-Kommission hat bislang wenig Anstrengungen unternommen, dieses ineffektive System zu reformieren, das nicht nur zu Verschwendung und Veruntreuung einlädt, sondern auch das Anspruchsdenken bei den Empfängern fördert. Auch verhindert es den Abbau bürokratischer Strukturen, die Eigeninitiative lähmen.

In diesem System liegt auch einer der Gründe für die große innenpolitische Konfrontation in Polen: Neben den weltanschaulichen Differenzen handelt es sich auch um einen Kampf um den Zugriff auf die EU-Mittel. Politiker der Regierungspartei PiS haben unverblümt zugegeben, dass sie nach acht Jahren in der Opposition, während derer die von Donald Tusk geführte Bürgerplattform (PO) Einfluss darauf nahm, dass vor allem Firmen eigener Gefolgsleute EU-Gelder bekamen, auf diesem Feld großen Nachholbedarf hätten.

Die Eurokrise hat zu einer erheblichen Entfremdung zwischen den EU-Institutionen und nationalpatriotischen Wählern in Osteuropa geführt, die in der EU einen Anker der Stabilität und Sicherheit gesehen hatten. Die konservativen Eliten im katholisch geprägten Polen sowie in Ungarn sehen die gesamte EU in einer schweren Krise. Als Grund dafür führen sie an, dass in den alten EU-Ländern die Werte des christlichen Abendlandes nicht mehr gälten. Viktor Orbán spricht von „nihilistischen Eliten", Jarosław Kaczyński von einer „Krise des europäischen Bewusstseins". Ihre Regierungen müssten daher eine „kulturelle Gegenrevolution" gegen den westlichen Werterelativismus führen. An erster Stelle stehe dabei die Verteidigung der traditionellen Familie gegen eine prinzipienlose Gender-Ideologie. Der polnische Staatspräsident Andrzej Duda warnte vor dieser „LGBT-Ideologie", katholische Bischöfe verdammten die „LGBT-Seuche", mehrere Woiwodschaften, in denen die PiS die Mehrheit gewonnen hat, erklärten sich zu „LGBT-freien Zonen".

Die EU-Kommission hat den Woiwodschaften die Streichung von Fördergeldern angedroht, falls sie diese Beschlüsse nicht rückgängig machen. Verwiesen wurde auf die allgemeinen Menschenrechte, die jede Diskriminierung von Minderheiten verbieten. Die Drohungen zeigten Wirkung: Mehrere Regionalparlamente beugten sich dem Druck. Doch es fehlte an einer Aufklärungskampagne der EU, die die Absurdität der Schreckensszenarien über eine Bedrohung des herkömmlichen Familienmodells aufgezeigt hätte.

Das Statistische Bundesamt könnte dafür Zahlen liefern: Im Jahr 2020 wurden in Deutschland 373.304 Ehen geschlossen, 9.939 davon unter gleichgeschlechtlichen Partnern, also gerade einmal 2,67 Prozent. Noch absurder ist die Behauptung regierungsnaher Kommentatoren in Polen und in Ungarn, dass in Westeuropa das biologische Geschlecht nicht mehr das entscheidende Kriterium zur Einstufung als männlich oder weiblich sein solle: 2020 ließen sich ganze 394 Personen in deutschen Standesämtern als „divers" eintragen, in 1191 Fällen wechselten Menschen das bisherige Geschlecht, wobei dieser Schritt zwei amtliche Gutachten erfordert. Es handelt sich also um eine statistische Größe, die sich im Vergleich zur Gesamtbevölkerung im Hundertstelpromillebereich bewegt.

Die Kampagnen gegen sexuelle Selbstbestimmung und auch Sexualaufklärung, die in Warschau und Budapest geführt werden, beruhen auf dem Trugschluss, dass die zahlreichen Medienberichte und Demonstrationen in Westeuropa das gesellschaftliche Gewicht dieser Gruppen widerspiegeln. In Wirklichkeit führen Organisationen von sexuellen Minderheiten keinen Kampf gegen die traditionelle Familie, sondern fordern lediglich Toleranz und Gleichberechtigung, bedrohen also in keiner Weise die „abendländische Kultur". Doch die EU-Vertretungen in Polen und Ungarn versäumten es, das in ihrer Öffentlichkeitsarbeit klarzustellen.

Bis zum Frühjahr 2021 gehörte die von Orbán geführte ungarische Regierungspartei Fidesz im Europaparlament der Fraktion der Europäischen Volkspartei (EVP) an, der Dachorganisation christdemokratischer und konservativer Parteien, darunter CDU und CSU. Allerdings haben die Partnerparteien es nicht vermocht, Orbán von seinem innenpolitischen Kurs abzubringen. Mit Unterstützung seiner Regierung übernahmen Fidesz-Sympathisanten die meisten Zeitungen und Sender, unabhängige Medien wurden zunehmend unter Druck gesetzt. Die Unabhängigkeit der Justiz in Ungarn wurde immer mehr untergraben.

Doch CDU und CSU, die engsten Fidesz-Verbündeten innerhalb der EU, nahmen Orbáns Kurs lange hin, obwohl dieser längst erklärt hatte, er strebe eine „illiberale Demokratie" an. Aus CDU-Kreisen verlautete zwar immer wieder, Angela Merkel versuche, in Gesprächen hinter verschlossenen Türen auf Orbán einzuwirken. Doch öffentlich sparte sie nicht mit Lob für die Verwendung der EU-Gelder durch die Regierung in Budapest „zum Wohl der Menschen", obwohl Brüsseler Finanzexperten längst dargelegt hatten, dass die größten Nutznießer die Unternehmen von Verwandten und Freunden Orbáns sind. Dieser ließ sich keineswegs von seinem Kurs abbringen, sondern warf der Bundeskanzlerin sogar „relativistische liberale Prinzipienlosigkeit" vor.

Offenkundig gibt es in den großen Parteienfamilien Hemmschwellen, Fehlentwicklungen bei einzelnen Mitgliedern anzusprechen. Es ist nicht bekannt, dass beispielsweise die konservative Volkspartei (PP) in Spanien von ihren Partnern in der EVP zur Ordnung gerufen wurde, als Berichte über ein umfassendes korruptes Netzwerk von PP-Politkern längst Schlagzeilen machten; dabei wurden bei großen Infrastrukturprojekten wohl Milliarden aus EU-Fonds veruntreut. Ebensowenig haben CDU und CSU seinerzeit ihren italienischen Partner Silvio Berlusconi von seinen Rechtsbrüchen und Manipulationen abbringen können.

Nicht besser sieht die Bilanz bei der Progressiven Allianz der Sozialdemokraten aus, der zweiten großen europäischen Parteienfamilie, der die SPD angehört. In Andalusien hatten die spanischen Sozialisten in einem korrupten Netzwerk rund eine Milliarde Euro aus Brüsseler Kassen veruntreut. Nahezu alle Mitglieder der Progressiven Allianz, die aus den repressiven Staatsparteien im Sowjetblock hervorgegangen sind, haben sich zunächst als korrupte Interessenvertretungen der ehemaligen Nomenklatura erwiesen. In der SPD erkannte man das nicht oder verschloss die Augen davor in der naiven Hoffnung, dass sich die Genossen in Polen, Ungarn, Rumänien und den anderen Ländern läutern würden. Am dreistesten trieb es die rumänische PSD, ein ganzes Bündel von kriminellen Durchstechereien kam bei ihren Spitzenleuten ans Tageslicht: Plagiate, Urkundenfälschung, Veruntreuung, Geldwäsche. In das Parlament in Bukarest brachten sie sogar Gesetzesprojekte ein, die ihnen Straffreiheit garantieren sollten, so wie es in Rom Silvio Berlusconi getan hatte.

In die Annalen postkommunistischer Skandale schrieb sich auch der frühere ungarische Premier Ferenc Gyurcsány ein: Hinter verschlossenen Türen gab er vor Abgeordneten seiner Partei zu, in Wahlkämpfen systematisch gelogen zu haben. Ein Mitschnitt wurde der Presse zugespielt, die Affäre trug nicht wenig dazu bei, Viktor Orbán 2010 den Weg an die Macht zu ebnen. Nicht anders war es in Polen, wo Finanzskandale des postkommunistischen Linksbündnisses den Aufstieg der Kaczyński-Zwillinge in hohem Maße begünstigten. Die Versäumnisse der SPD, hier ihren Einfluss geltend zu machen, haben somit den Nationalpopulisten in Budapest und Warschau erheblich genützt, überdies in Bukarest zu einer politischen Dauerkrise beigetragen. Doch im Willy-Brandt-Haus in Berlin sah man diese Zusammenhänge nicht. Jedenfalls ließ sich Martin Schulz als Präsident des Europaparlaments seinerzeit für den Wahlkampf der rumänischen Genossen einspannen, obwohl deren Korruptionsaffären und Anschläge auf die Gewaltenteilung längst publik geworden waren.

Widerstand gegen angebliche deutsche Dominanz

Im Auftreten des zu Belehrungen neigenden Martin Schulz fokussiert sich ein grundsätzliches Problem von Deutschen auf hohen EU-Posten: Sie begreifen nicht, dass sie in den anderen EU-Staaten in erster Linie als Deutsche und nicht als Interessenvertreter der großen Gemeinschaft wahrgenommen werden. Für die Europawahlen 2014 ließ sich Schulz als Spitzenkandidat der sozialdemokratischen Parteienfamilie aufstellen. Doch im Zuge der Eurokrise hatten bereits Bundeskanzlerin Angela Merkel und Bundesfinanzminister Wolfgang Schäuble bei den Nachbarn den Eindruck erweckt, sie gäben den Ton in Brüssel an. Dass dort nun zusätzlich ein Deutscher das politische Spitzenamt übernehmen sollte, rief in der internationalen Presse überwiegend kritische Kommentare hervor. Diese Kritik war allerdings deutlich leiser, als Ursula von der Leyen 2019 überraschend Präsidentin der EU-Kommission wurde, vermutlich, weil sie im Gegensatz zu Martin Schulz keinen konfrontativen, sondern einen verbindlichen Politikstil pflegt.

Von der AfD abgesehen herrscht unter den im Bundestag vertretenen Parteien Einigkeit darüber, dass die Deutschen eine besondere Verantwortung für das Funktionieren der EU haben, weil sie mit dem Zweiten Weltkrieg Unheil über fast ganz Europa gebracht haben. Die EU bietet ihnen die nicht von den NS-Verbrechen belastete Ersatzidentität „europäisch", „Europa" ist das positive, das ideale Gegenstück zum untergegangenen NS-Regime.

Die Verteidigung „europäischer Werte" bekommt deshalb oft eine geradezu missionarische, sakrale Note. Entsprechend reagiert die deutsche Öffentlichkeit irritiert und empört, wenn ein Mitgliedsstaat das Funktionieren der EU gefährdet, wie dies vor allem der polnischen und der ungarischen Führung angelastet wird.

Das Gros der deutschen Elite in Politik und Publizistik übersieht dabei, dass die Idee, eine europäische Identität solle das Nationalbewusstsein ersetzen, allen anderen EU-Ländern fremd ist. Vor allem die osteuropäischen EU-Mitglieder verteidigen zunehmend selbstbewusst ihre Souveränität, nachdem sie erst im Krieg in den Konflikt zweier totalitärer Regime geraten waren und anschließend 45 Jahre lang unfreiwillig zum sowjetischen Herrschaftsbereich gehört hatten. All diesen Gesellschaften ist ein starker Patriotismus gemeinsam, die nationale Kultur wird gepflegt, die Landesgeschichte oft heroisiert. Angesichts dieser Stimmungen stößt das europäische Sendungsbewusstsein vieler deutscher Politiker bei den Nachbarn durchweg auf Unverständnis.

Es kommt hinzu, dass sich durch die Debatten über europäische Identität zunehmend die Parolen von der „deutschen Dominanz" in der EU ziehen, die keineswegs nur nationalpatriotische Parteien in Frankreich und Italien sowie in Polen und Ungarn verkünden. Auch in der Brexit-Kampagne war das ein oft wiederholtes Argument. Die Bundesrepublik stellt nicht nur die Präsidentin der mächtigen Europäischen Kommission, sondern Deutsche stehen auch an der Spitze des Euro-Rettungsfonds ESM, der Europäischen Investitionsbank, des Europäischen Bankabwicklungsfonds sowie des Europäischen Rechnungshofs. Nach Meinung der Euroskeptiker keineswegs nur in den Ostländern der EU können sie gemeinsam deutsche Interessen in der Finanzpolitik durchsetzen.

Die nationalistische Presse in Polen schlug hier sogar den Bogen zum Zweiten Weltkrieg: Die Besetzung von Schlüsselposten in der EU habe das Ziel, das „Lebensraumprojekt" der Nationalsozialisten drei Generationen später zu verwirklichen: Osteuropa solle unter deutsche Kontrolle kommen. Bereits die erste PiS-Regierung argumentierte gegenüber Brüssel mit dem Krieg. Sie forderte 2006 für Polen einen überproportional großen Anteil von Mandaten und Posten in den europäischen Gremien und Institutionen. Zur Begründung führten Lech und Jarosław Kaczyński an, dass Polen heute 60 und nicht 38 Millionen Einwohner hätte, wenn es nicht die Verbrechen der deutschen sowie der sowjetischen Besatzer gegeben hätte. Diese Argumentation wurde indes von den anderen EU-Staaten geschlossen zurückgewiesen.

Unter den von Berlin entsandten Vertretern der EU-Institutionen ignoriert man offenbar die Debatten über die angebliche deutsche Dominanz. Das bestätigte im Europa-Parlament die Aussprache über die polnische Justizreform im Oktober 2021: Erst attackierte Ursula von der Leyen mit ungewohnt harten Worten die Führung in Warschau. Anschließend gaben die Fraktionen ihre nicht minder kritischen Stellungnahmen ab: für die Europäische Volkspartei der Deutsche Manfred Weber, für die Grünen die Deutsche Ska Keller, für die Linke der Deutsche Martin Schirdewan, und zweite Rednerin der Sozialdemokraten war die Deutsche Katarina Barley, die bereits als stellvertretende Parlamentspräsidentin immer wieder die polnische Regierung scharf kritisiert hatte. Die PiS bekam so ein weiteres Argument für ihren Konfrontationskurs gegenüber der angeblich deutsch dominierten EU. Es wäre angesichts der deutsch-polnischen Spannungen gescheiter gewesen, wenn die Fraktionen an diesem Tag Abgeordnete aus anderen Ländern ans Rednerpult geschickt hätten.

Ebenfalls als deutsches Projekt betrachtete man in der PiS schon 2014 die Wahl des bisherigen polnischen Premiers Donald Tusk zum Präsidenten des Europäischen Rates, dem Staats- und Regierungschefs der EU-Staaten angehören. Er hatte stets einen proeuropäischen Kurs verfolgt und auf enge deutsch-polnische Kooperation Wert gelegt, mit Angela Merkel duzt er sich seit langem. Allerdings war er als Regierungschef keineswegs ein Vorbild bei der Beachtung der von der EU propagierten Prinzipien. So brachte in seiner Amtszeit die von ihm geführte Regierungspartei PO den Rundfunkrat unter ihre Kontrolle und versuchte dasselbe beim Verfassungsgericht. Auch zapfte seine Regierung die staatliche Rentenkasse an, um die Defizitkriterien laut Maastricht zu erfüllen; die Staatsschulden hatten sich in seiner Amtszeit nahezu verdreifacht, die EU-Kommission rügte ihn dafür. Vor allem war er kein Brückenbauer, vielmehr pflegte er stets einen aggressiven Politikstil und trug somit nicht wenig zur Spaltung der polnischen Gesellschaft bei.

Mit dem Wechsel Tusks nach Brüssel wurden überflüssigerweise die innerpolnischen Konflikte in die EU getragen. Die persönliche Feindschaft zwischen ihm und Jarosław Kaczyński gehört zum Hintergrund des Kampfes der PiS gegen EU-Institutionen, der wegen des Prinzips der Einstimmigkeit zur Blockierung wichtiger Entscheidungen führen könnte. Für das Funktionieren der EU wäre es zweifellos besser gewesen, wenn Angela Merkel bei den anderen Regierungschefs für einen Politiker geworben hätte, der in seinem Heimatland überparteiliche Autorität genießt und als EU-Ratspräsident versucht hätte, die PiS einzubinden, anstatt sie auszugrenzen.

Einen ähnlich gelagerten Fehler beging 2016 der damalige Kommissionspräsident Jean-Claude Juncker, auch er ein enger Verbündeter Angela Merkels: Als die neue PiS-geführte Regierung ihren Botschafter Marek Prawda bei der EU ablöste, machte Juncker diesen flugs zum EU-Botschafter in Warschau. In der Welt der Diplomatie war es ein beispielloser Vorgang, der die polnische Rechte zu recht empörte: Prawda, von der ersten PiS-Regierung zehn Jahre zuvor nach Berlin entsandt, kannte ja die internen Verhandlungspositionen der polnischen Regierung, nun wechselte er von heute auf morgen die Seiten. Da er seitdem in PiS-Kreisen als Deserteur gilt, fände er kein Gehör, wenn er all die Falschinformationen über die EU richtigstellen wollte. Es war eine politisch unnütze Provokation Junckers, denn so ist die EU-Vertretung in Warschau als beratende und korrigierende Instanz ausgefallen.

In der polnischen Opposition wurde die Vermutung geäußert, dass dem Konflikt um die Justizreform anfangs keineswegs ein strategischer Plan der PiS zugrunde gelegen habe. Vielmehr habe es sich zunächst um eine Reaktion auf den Versuch der PO gehandelt, kurz vor den Parlamentswahlen 2015 freiwerdende Posten im Verfassungsgericht mit fünf Gefolgsleuten zu besetzen. Es war allerdings ein Akt der Rechtsbeugung, weil zwei der Posten erst nach den Wahlen frei wurden. Wenig später errang die PiS bei dem Urnengang die absolute Mehrheit im Sejm. Die drei zuvor rechtmäßig von der PO benannten Richter hätten dennoch von Staatspräsident Duda (PiS) vereidigt werden müssen, doch der tat dies nicht. Stattdessen bestimmte der neue Sejm drei PiS-Sympathisanten für die neu zu besetzenden Posten. Das war ein klarer Rechtsbruch. Hinzu kam, dass die rechtswidrig ernannten drei Richter sich in der Folge an Entscheidungen des Verfassungsgerichts beteiligten, was laut Europarat und EU-Kommission einen weiteren Rechtsbruch darstellte.

Das zweite Konfliktfeld betraf den rechtsextremen Justizminister Zbigniew Ziobro, der wiederholt einem Austritt Polens aus der EU das Wort redete und dafür vom nationalistischen *Radio Maryja* gefeiert wurde. Ziobro übernahm auch das Amt des Generalstaatsanwalts. In seiner Eigenschaft als oberster Strafverfolger griff er nicht nur viele Male persönlich in laufende Gerichtsverfahren ein, sondern setzte nach eigenem Gutdünken auch Staatsanwälte ein oder gar ab. Ferner schuf die Regierung neue Gremien, die Richter ein- oder absetzen können, und besetzte sie mit Gefolgsleuten. Zur Begründung wurde angeführt, dass auch in der Bundesrepublik Deutschland Richter und Staatsanwälte vom Justizminister ernannt werden. Rechtsexperten hielten dem entgegen, dass die deutschen Justizministerien nicht in Verfahren eingreifen oder Justizbeamte willkürlich absetzen könnten. Zwar entschieden der Bundestag oder die Landtage über die Besetzung der obersten Gerichte; doch herrsche Konsens darüber, dass eine Parlamentsmehrheit keinen Kandidaten vorschlage, der von der Opposition klar abgelehnt würde.

Erwartungsgemäß wurde die polnische Justizreform, die die Gewaltenteilung aufgehoben hat, vom Europäischen Gerichtshof in Luxemburg verworfen. Daraufhin befand das Verfassungsgericht in Warschau, dass Urteile europäischer Gerichte nicht für Polen bindend seien, da die Verfassung ein Primat europäischer Rechtsakte nicht vorsehe. Es wurde argumentiert, dass sogar der Bundesgerichtshof Entscheidungen europäischer Richter für nicht bindend erklärt hat. Doch auch dieses Argument wiesen die EU-Experten zurück: Die Karlsruher Richter hatten in keiner Weise den Vorrang der Rechtssprechung des Europäischen Gerichtshofs verneint, sondern lediglich dessen Zuständigkeit in einem Einzelfall angezweifelt, nämlich im Konflikt über den massiven Ankauf von Staatsanleihen durch die Europäische Zentralbank. Die EU-Kommission leitete daraufhin ein Vertragsverletzungsverfahren gegen Berlin ein, stellte es aber ein, nachdem die Bundesregierung in einer Erklärung „Vorrang und Autonomie" des europäischen Rechts anerkannt hatte. Dagegen hat das – obendrein rechtswidrig zusammengesetzte – Verfassungsgericht in Warschau das gesamte Rechtssystem, auf dem die EU beruht, infrage gestellt und somit auch Sanktionen durch die EU-Kommission wegen Vertragsbruchs provoziert.

Zuvor hatten sich Warnungen aus Brüssel als zwecklos erwiesen. Allerdings haben namentlich deutsche Politiker unnötigerweise zur Verhärtung der Fronten beigetragen, anstatt die Kritik EU-Vertretern aus anderen Ländern zu überlassen. Die polnische Presse zitierte Katarina Barleys Drohung, „Ungarn und Polen finanziell auszuhungern". PiS-Politiker merkten sarkastisch an, dass die Deutschen ja schon im Zweiten Weltkrieg mit dem Aushungern von Menschen, die sich ihnen nicht unterwerfen wollten, große Erfahrung gesammelt hätten.

Ein Heer von Wanderarbeitern

Während manche deutschen Medien den Ursprung all dieser Differenzen auf der emotionalen Ebene verorteten – die Warschauer Führung sei durch Ressentiments getrieben und einen Komplex, nicht angemessen von Brüssel und auch Berlin wahrgenommen zu werden –, wurden andere Konfliktfelder überaus selten Gegenstand der Berichterstattung.

Dazu gehören die nach wie vor gravierenden Unterschiede bei den Einkommen zwischen dem West- und dem Ostteil der EU. In den Hauptstädten im Osten wird geklagt, dass Brüssel keine Konzepte für dieses Problem habe. Experten der Visegrád-Staaten sehen ihre Länder in der „Falle des abhängigen Wachstums": Westeuropäische Konzerne lassen zwar Autos und Haushaltsgeräte bei ihnen montieren, investiert wurde auch in die Chemie- und Lebensmittelindustrie. In großer Zahl wurden Callcenter angesiedelt – aber keine Forschungsabteilungen von Unternehmen der Hochtechnologie. Den Konzernen im Westen Europas wird keineswegs grundlos unterstellt, dass sie die osteuropäischen EU-Länder nur als Absatzmarkt und als Werkbank mit billigen Arbeitskräften betrachten, nicht aber als Basis für Innovationen. Manche Wirtschaftsberater der PiS fanden ein großes Echo mit der Behauptung, dass wegen dieses Ungleichgewichts die Gewinne ausländischer Firmen, die aus Polen abfließen, die Strukturhilfen aus Brüssel bei weitem übersteigen; deshalb solle Warschau den Polexit betreiben, den Austritt Polens aus der EU. Die EU-Kommission versäumte es allerdings, diese sachlich falsche Version richtigzustellen.

Tatsache ist indes, dass die Technischen Universitäten im Baltikum sowie in den Visegrád-Staaten zwar Tausende von Ingenieuren und IT-Experten auf hohem Niveau ausbilden, doch ein beträchtlicher Teil von denen dann in den Westen abwandert. Die größten Nutznießer dieses *Brain drain* sind deutsche Firmen. Die leistungsstärksten Vertreter der jungen Generation gehen so den heimischen Volkswirtschaften verloren.

Noch stärker aber sind die Gesellschaften Osteuropas davon betroffen, dass mehrere Millionen Menschen als moderne Wanderarbeiter immer wieder monatelang von ihren Familien getrennt sind: Landwirtschaft, Lebensmittelindustrie, Baugewerbe, Gastronomie sowie Alten- und Krankenpflege in den westeuropäischen Ländern kommen ohne sie nicht mehr aus. Ihre Plätze in ihren Heimatländern nehmen dann überwiegend Ukrainer und viele Georgier und Moldawier ein, denen die EU die visafreie Einreise gestattet. Darunter sind zahlreiche Fach- und Hochschulabsolventen, die wegen der höheren Löhne weit unter ihrer Qualifikation im Ausland arbeiten, oft ohne Versicherung und Rechtsschutz.

Die Bundesrepublik wirkt wie ein starker Magnet besonders auf medizinisches Fachpersonal. Seit der Osterweiterung der EU 2004 haben deutsche Krankenhäuser rund 15.000 Ärzte sowie 40.000 Krankenschwestern und -pfleger allein aus Polen angeworben, die an ihren neuen Arbeitsplätzen ein Vielfaches der heimischen Löhne bekommen. Noch stärker ist die Abwanderung bei Pflegeberufen. Die Folge: Die in Polen zurückgebliebenen Arbeitskollegen waren längst schon vor der Corona-Pandemie an die Grenzen der Belastbarkeit angelangt, ganze Landstriche sind medizinisch unterversorgt. In Deutschland kommen auf 1.000 Einwohner im Durchschnitt 4,3 Ärzte, in Polen nur 2,4. Östlich der Oder hat ein Arzt rund 3.000 Konsultationen im Jahr zu bewältigen, westlich der Oder ist es etwas mehr als die Hälfte davon.

Polnische Politiker und Publizisten werfen angesichts dieser Zahlen den wohlhabenden Deutschen vor, in der Konkurrenz um Fachpersonal egoistisch ihre Interessen durchzusetzen und somit in hohem Maße zum „Ausbluten" der Gesundheitssysteme in Mittelosteuropa beizutragen. Sie fordern von Berlin, mit den betroffenen Ländern Kompromissformeln auszuhandeln, beispielsweise nur befristete Arbeitsverträge zuzulassen, die dringend benötigten Fachkräfte dazu veranlassen, nach ein paar Jahren in ihre Herkunftsländer zurückzukehren. Allerdings widersprächen derartige Regelungen dem Prinzip der Freizügigkeit innerhalb der EU.

Dieses Problemfeld ist eng verbunden mit einer Entscheidung Berlins, die die Nachbarn im Osten ebenfalls als egoistisch kritisieren: der Abschaffung der Wehrpflicht. Denn damit fiel auch der Ersatzdienst fort. Gerade bei der Kranken- und Altenpflege hatten Zivildienstleistende das Gros der Arbeiten übernommen, die keine Fachausbildung erfordern. Ihre Plätze hat Personal aus Mittelosteuropa eingenommen, das nun an den Heimatorten fehlt.

Auch die Weigerung der letzten Bundesregierungen, die von den Nato-Staaten vereinbarte Quote von zwei Prozent des BIP für die Verteidigung anzustreben, gilt als egoistisch. Die Deutschen befänden sich in einer luxuriösen Lage, meinen Politiker aus den östlichen Nachbarländern: Sie hätten keine gemeinsame Grenze mit Russland. Gerade die Westdeutschen lebten nun schon in dritter Generation in Freiheit und Frieden, deshalb wollten sie nicht sehen, dass eine demokratische Gesellschaft auch zur militärischen Verteidigung ihrer Werte bereit sein müsse. Sie genössen zwar den Schutz, den die Nato allen Mitgliedstaaten bietet, entzögen sich aber ihrer Pflicht, angemessen dazu beizutragen. Besonders der SPD und den Grünen wird vorgeworfen, pazifistischen Träumereien zu erliegen.

Immerhin wurde vermerkt, dass Franz-Walter Steinmeier seine Position überdacht hat: Warnte er als Außenminister noch vor „Säbelrasseln" gegenüber Russland, so forderte er als Bundespräsident die Einhaltung der Zwei-Prozent-Vereinbarung der Nato durch Berlin. Die deutschen Politiker müssten sich mehr für den Zusammenhalt der EU einsetzen – „mit realistischem Blick und weniger missionarischem Eifer".

Die Deutschen stehen für Genauigkeit, Pünktlichkeit, Zuverlässigkeit, Sparsamkeit, sie sind exzellente Organisatoren und Ingenieure, ihre Verwaltung handelt rational und effektiv. Über viele Generationen hat diese Vorstellung das Bild der Deutschen bei ihren Nachbarn geprägt. Daran hat auch die Nazi-Barbarei wenig geändert. Der in die westliche Staatengemeinschaft integrierten Bonner Republik wurden weitere Eigenschaften zugeschrieben: Bereitschaft zur Kooperation, Friedfertigkeit, Interesse am Gemeinwohl. Dieses freundliche Deutschland wurde Vorbild für die Gesellschaften im Osten Europas, die sich nach dem Untergang des Sowjetregimes mit seinem gewaltigen Repressionsapparat und der ineffektiven Planwirtschaft neu orientierten.

Doch in den letzten Jahren hat dieses Bild tiefe Risse bekommen, denn Riesenpannen und auch Korruptionsaffären häuften sich: aus dem Ruder gelaufene Bauprojekte wie der Berliner Großflughafen, Stuttgart 21 oder die Elbphilharmonie, der Dieselskandal, das Mautdesaster, die Verwicklung der Deutschen Bank in Geldwäsche und Steuerhinterziehung, die Milliardenbetrügereien mit Cum-Ex-Geschäften auf dem Aktienmarkt, der gigantische Betrug bei Wirecard und nicht zuletzt Plagiate in Dissertationen späterer Minister. Auch die blamable Vorstellung der Fußballnationalmannschaft bei der letzten Weltmeisterschaft darf in dieser Aufzählung nicht fehlen. Zudem standen die Deutschen in der Corona-Pandemie keineswegs besser da als die meisten anderen Länder in der EU, wobei die Affären um üppige Vermittlungsprämien bei der Beschaffung von Schutzmasken noch ihren Teil zu dem unerfreulichen Gesamteindruck beitrugen.

Besonders bei den osteuropäischen Nachbarn finden Berichte über all diese Fälle von Misswirtschaft, von Inkompetenz oder unmoralischem, gar kriminellem Handeln deutscher Amtsträger und Spitzenmanager ein starkes Echo, das nicht frei ist von Schadenfreude, trifft es doch die Nation der Besserwisser und Moralisierer, als die die Deutschen mittlerweile immer öfter angesehen werden. Hinzu kommt, dass die Berliner Politik weder auf die Eurokrise noch die Flüchtlingskrise vorbereitet war, obwohl es lange davor genügend warnende Hinweise gegeben hatte. Die deutschen Planungen, in wenigen Jahren gleichzeitig auf Strom aus Atom- und Kohlekraftwerken, überdies bald danach auch auf Erdgas als Energiequelle zu verzichten, betrachten die Nachbarn in West und Ost, die keineswegs die Augen vor den Gefahren des menschengemachten Klimawandels verschließen, als Phantasterei in einem Land, das über nur wenige Küsten mit starkem Dauerwind verfügt und auch nicht übermäßig viele Sonnentage im Jahreskreis zählt.

Zu Beginn des dritten Jahrzehnts des dritten Jahrtausends gilt immer mehr Politikern und Publizisten in den Nachbarländern die bundesdeutsche Gesellschaft als ebenso zerstritten wie orientierungslos – und sie ist immer weniger Modell für die Demokratien im ehemaligen Ostblock.

Die vermeintliche Schwäche des einstigen Erfolgsmodells Bundesrepublik Deutschland gehört zum Hintergrund der drastischen Verschlechterung der Beziehungen zum größten Nachbarn im Osten, Polen. Dabei bestehen, von der Energiepolitik abgesehen, keine schwerwiegenden Interessengegensätze zwischen beiden Ländern in der operativen Politik. Die Wirtschaftsbeziehungen florieren, Universitäten, Behörden und auch das Militär arbeiten reibungslos zusammen. Die Misshelligkeiten zwischen Berlin und Warschau haben vor allem eine emotionale Dimension: Paternalismus, Arroganz und Ignoranz auf der einen Seite, eingebildete Bedrohungen, eine intolerante Weltanschauung, das Gefühl, nicht angemessen behandelt zu werden, sowie ebenfalls Ignoranz auf der anderen Seite.

Auch im Interesse des Zusammenhalts in der EU sind hier vor allem die Deutschen gefragt, diese Dinge zurechtzurücken. Sie sollten sich bemühen, den Dialog zu den maßgeblichen Kreisen in Polen aufzunehmen, die in Lagerdenken und Wagenburgmentalität befangen sind, zumindest zu denjenigen, die begreifen, dass das schlechte politische Klima dem eigenen Land mehr schadet als den ungeliebten Nachbarn. Zu wenig wurde in der

Vergangenheit von Seiten der Deutschen darauf geachtet, welche Rolle die wichtigsten polnischen Akteure im Dialog zwischen beiden Gesellschaften eigentlich bei ihren Landsleuten spielten. Die bekanntesten von ihnen waren nämlich dort ausnahmslos überaus umstritten; es waren keine Autoritäten darunter, deren Wort lagerübergreifend in Polen gezählt hätte. Der deutsch-polnische Dialog hatte somit von Anfang an Schlagseite, weil er die Hälfte der polnischen Gesellschaft nicht einband.

Da die polnische Rechte ihre Politik aus den Erfahrungen der jüngsten Geschichte herleitet und sich nicht durch Zukunftsprojekte definiert, sind hier besonders die Historiker gefragt. Hatten doch die Debatten über Jedwabne und das Zentrum gegen Vertreibungen einen enormen Einfluss auf die deutsch-polnischen Beziehungen: Sie haben auf der höchsten politischen Ebene das Klima stark eingetrübt, auch deshalb, weil die polnische Rechte nur fragmentarisch informiert war und von falschen Prämissen ausging. Daher ist es ausgesprochen unklug, wenn Redner auf dem deutschen Historikertag sich energisch gegen Kontakte mit polnischen Fachkollegen aussprechen, die dem nationalkonservativen Lager zugeordnet werden. Das Gegenteil ist richtig: Man muss mit allen reden, die zum Dialog bereit sind. Nur so können all die Verschwörungstheorien über eine gezielt antipolnische Geschichtspolitik Berlins widerlegt werden. Es ist ein überaus schwieriges Terrain, da die PiS-Regierung sich vorgenommen hat, mit juristischen Methoden Kritik an ihrer eigenen Geschichtspolitik zu unterbinden.

Es wird also große Anstrengungen erfordern, die Versäumnisse der Vergangenheit wettzumachen, und alle sind gefragt: Politiker, Kirchen, Vereine, Universitäten und Schulen, Medien – alle sollten vermitteln, dass niemand die Geschichte zu Lasten der Polen umschreibt, dass die Deutschen an guten Beziehungen zu Polen interessiert sind. Für das Auswärtige Amt in Berlin sollte es eine Selbstverständlichkeit werden, dass zum Spitzenpersonal der deutschen Botschaft in Warschau mindestens ein Diplomat gehört, der in der Kultur des Landes bewandert ist und in exzellentem Polnisch Stellungnahmen für die Öffentlichkeit abgeben kann; das muss keineswegs der Botschafter selbst sein, der sollte aber stets ein krisenerprobtes Schwergewicht sein, so wie es zuletzt ja auch der Fall war. In gleicher Weise sind Chefredakteure gefordert, Korrespondenten an die Weichsel zu entsenden, die über sehr gute Sprachkenntnisse verfügen und sich im vielschichtigen Dreieck Deutsche–Polen–Juden auskennen.

Fehlen wird im Dialog zwischen Berlin und Warschau Angela Merkel, die vor drei Jahrzehnten als junge Ministerin im Kabinett Kohl die Gründung des deutsch-polnischen Jugendwerks vorangetrieben hat. Sie konnte mit ihrer bescheidenen, gleichzeitig beharrlichen Art manchen emotionsgeladenen Konflikt durch Kompromissvorschläge lösen. Sie hat das Kunststück fertiggebracht, bei den Polen weitaus beliebter zu sein als deren eigene Spitzenpolitiker. Gleichzeitig war ihr Ansehen an der Weichsel weitaus höher als das der Deutschen allgemein. Allerdings haben zwei Entscheidungen, für die man in ganz Mittelosteuropa kein Verständnis hat, auf ihr Lebenswerk einen Schatten geworfen: die Flüchtlingspolitik und Nord Stream 2. Denn beides hat Putin ermöglicht, die östlichen EU-Staaten unter Druck zu setzen.

Der Dialog mit Moskau ist noch viel schwieriger geworden. Die neue Bundesregierung sollte ihn sogar verstärken, aber auch klare Forderungen an den Kreml richten, überdies keine widersprüchlichen Signale mehr aussenden. Berlin steht in der Pflicht, Putin klar zu machen, dass die Souveränität der ehemaligen Teilrepubliken der UdSSR keine innere Angelegenheit des postsowjetischen Raums ist, sondern wichtiger Teil der internationalen Friedensordnung und daher nicht verhandelbar ist. Dazu gehört als schwerster Problemfall die Ukraine, deren Bevölkerung nicht weniger als die russische im Zweiten Weltkrieg gelitten hat und heute eben nicht wieder zum Orbit Moskaus gehören möchte. Sanktionen sind ein bewährtes Instrument, hier Dialog- und Kooperationsbereitschaft zu fördern.

Die neue Bundesregierung mit ihrer Riege aus unerfahrenen Ministern steht vor einer gewaltigen Aufgabe, denn sie muss den schmalen Grat zwischen den Interessen der deutschen Wirtschaft und der Forderung nach Beachtung der Menschenrechte finden. Immerhin hat sich ja Frank-Walter Steinmeier vom Ent-

spannungsnostalgiker zum nüchternen Realpolitker weiterent-
wickelt, er findet inzwischen gegenüber Russland ebenso klare
wie harte Worte, die früher bei ihm undenkbar gewesen wären.
Der Bundespräsident könnte der Stabilitätsanker in der neuen
Ostpolitik werden. Das Kabinett Scholz hat hier bislang keine Linie erkennen lassen, es wurden nicht nur schwerwiegende Differenzen zwischen SPD, FDP und Grünen offenbar, sondern auch
innerhalb jeder dieser drei Parteien gab es völlig unterschiedliche, teilweise sich widersprechende Positionen. Es ist keine gute
Voraussetzung, um zur Lösung der Krisen im Osten Europas
beizutragen.

Korrigiert werden muss ein weiterer großer Fehler der vergangenen beiden Jahrzehnte: der Abbau der Osteuropa-Forschung.
Optimistisch dachte man in der rotgrünen Koalition unter Gerhard Schröder, dass Russland sich in die internationale Staatengemeinschaft integriere, nicht zuletzt wegen der anvisierten Verflechtung großer Unternehmen. So wurde unter Schröder das
renommierte Bundesinstitut für ostwissenschaftliche und internationale Studien in Köln aufgelöst. Unter Angela Merkel setzte sich dieser Trend fort, Lehrstühle mit dem Schwerpunkt Osteuropa wurden von den Bundesländern in den Politik-, Sozi-
al-, Wirtschafts- und Rechtswissenschaften gestrichen. So ging
sehr viel an akademischer Kompetenz verloren, von der auch die
deutschen Außenpolitiker sehr profitiert hatten.

Vor allem sollten die zivilgesellschaftlichen Kontakte mit
Russland ausgebaut werden: gemeinsame Kulturprojekte, Austausch von Studenten, Schul- und Städtepartnerschaften. Es wären Maßnahmen, der russischen Gesellschaft die Botschaft zu
vermitteln, dass niemand im Westen Russland bedroht. Aber
auch: dass man in Russland lieber einen kooperationsbereiten,
als einen aggressiven und destruktiven Nachbarn sehen möchte.
Allerdings gibt es wenig Hoffnung, dass zur Amtszeit Putins, der
das Ende des russisch-sowjetischen Kolonialreichs als „größte
geostrategische Katastrophe des 20. Jahrhunderts" beklagt, Moskau einen Kurswechsel vornimmt.

Es besteht die Chance, dass sich in der SPD die Realisten
durchsetzen, die verstanden haben, dass Putin nie ein „lupen-

reiner Demokrat" werden wollte, sondern als Erneuerer des Imperiums in die Geschichte eingehen möchte und dafür auf wirtschaftliche Erpressung setzt, in beispielloser Weise aufrüsten, Krieg führen und politische Gegner beseitigen lässt. Es gilt, Abschied zu nehmen von der romantischen Vorstellung, dass die Friedenspolitik Willy Brandts zur Auflösung des Ostblocks geführt hat. Die Akten und Fakten sprechen vielmehr dafür, dass die entscheidenden Impulse von den beiden ideologischen Hauptgegnern der deutschen Linken ausgingen: Ronald Reagan und Johannes Paul II. Es ist ein Paradox der Geschichte, dass beide, die mit einer liberalen Demokratie nichts im Sinne hatten, nicht wenig dazu beigetragen haben, dieser in Osteuropa den Weg zu ebnen.

In Berlin sollte man sich auch bewusst machen, dass die in sich zerstrittene und außenpolitisch kaum handlungsfähige EU aufgehört hat, für die russische Elite ein Modell zu sein. Vielmehr wähnt man sich in Moskau mit dem autoritären Kurs des Kremls und der Wiederbelebung imperialer Träume auf dem richtigen Weg.

Die künftige Ostpolitik wird kein bahnbrechender Neuanfang sein können, wie es Willy Brandt vor einem halben Jahrhundert versucht hatte. Es wird wohl eine Politik der kleinen Schritte sein, so lange bei den östlichen Nachbarn nicht anderes Spitzenpersonal antritt. Vor allem aber darf sie kein deutscher Sonderweg mehr sein, vielmehr muss Berlin sich enger als bisher mit den EU- und Nato-Partnern abstimmen. Ein gutes Funktionieren der EU muss für die Deutschen höchste Priorität haben. Denn sie ist viel mehr als ein Zweck- und Wohlstandsbündnis. Sie ist das größte Friedensprojekt der Geschichte.

Thomas Urban

Geboren 1954 in Leipzig, Journalist und Autor, viele Jahre Osteuropa-Korrespondent der *Süddeutschen Zeitung* mit Stationen in Warschau, Moskau und Kiew, ab 2012 SZ-Korrespondent in Madrid. Zahlreiche Buchveröffentlichungen. Urban lebt unweit von Warschau.